JN106718

ご案内

つくる みせる たべる
弁当
nancy
美術館

開館のごあいさつ

ある日、私は思いついた。
台所の片隅で弁当作りの面倒くささと対峙している時、この苦役を解消する一つのアイデアを！ それが「もっともっと厄介なことをする」。

その日以来、面倒くさいを超えたさらに厄介な弁当は増産され、弁当活動は加速していきました。活動の果てしなさに嫌気がさしたこともあります。心ないコメントにふいを突かれて凹んだこともあります。そんなある日、美術館の学芸員の目に止まり、個展を開催することになりました。それをきっかけにメディアに取り上げられ、弁当は世界に発信。厄介な弁当は賛否両論の渦に巻かれて、言葉や国境をいとも簡単に超えたのです。

私は調子に乗りました。前衛弁当作家という仰々しい肩書きを名乗り、ついに「弁当美術館」を出版したのです。

さて、この弁当美術館を開くにあたりまして、少し注意がございます。この本に実用性はほとんどありません。弁当作りのヒントもそれほどございません。独自の美意識で弁当を作り続けた私の記録にすぎないのです。自己満足と言えばそれまでですが、そこには台所で生み出されては消えていった弁当に込めた私の思いが一つ一つ存在するのです。その思いに共鳴し、笑い、唸り、時に震え上がっていただきたい。それが私の願いでございます。

それではどうぞ、ご自由に弁当箱の中をご鑑賞くださいませ。

弁当美術館館長　nancy

第3展示室 ジャポネスク

第4展示室 ネオ・ポートレート

第5展示室 シネマ印象派

第6展示室 超写実主義

第7展示室 怖い絵弁

第11展示室 絶妙音感

第12展示室 シュール・シャケリスム

第13展示室 弁クシー

第1展示室

弁当美術館

基本の作り方

＼これだけ押さえればあなたも前衛弁当作家／

前衛弁当の基本テクニック

作るのが大変そうだと言われることもありますが、
基本テクニックを覚えれば、誰でも作ることは可能です。
ぜひ、お試しください。

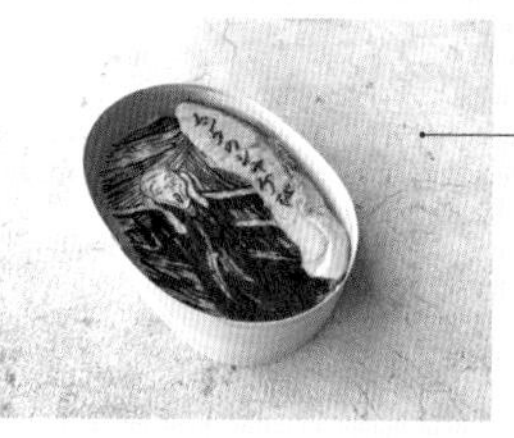

Technique 01 オブラートアート

ポテトサラダ Technique 02

Technique 03 白玉小麦粉団子

麺類の弁当 Technique 04

Technique 05 ナンの弁当

Technique

01 オブラートアート

オブラートアートとは、オブラートに竹炭パウダーや食紅でイラストや文字を描き、食材に貼ることを言います。応用力の高さも魅力で、キャラ弁の新テクニックとして定着しつつあり、前衛弁当の進化は、この手法ありきだったことは言うまでもありません。少しの絵心があれば、誰だって簡単にマスターできるテクニックなので、どうぞお試しください。

材料

- オブラート
- 竹炭パウダー
- 水
- 食紅

道具

- ラップ
- 細めの筆
- パレットまたは絵皿

1

下書きの上にラップを敷き、オブラートを置いて、ティッシュなどで軽くこすって空気を抜き密着させる。

2

水で溶いた竹炭パウダーで下書きをなぞる。しっかり乾かしたらラップからオブラートを剥がし適当な大きさに切る。

3

食材に貼る。貼る時にピンセットを使うと失敗が少ない。

動画もCheck

読み取ると作り方の動画を見ることができます。

Technique

02 ポテトサラダ

弁当に半立体の何かを入れたい時によく使うのがポテトサラダです。他の食材との味のバランスも良く、着色も造形も簡単に出来るので頻繁に使っています。ポイントはしっかり裏ごしをすることと、衛生面に気をつけること。ヘラは専用のものを用意して手袋をはめて作っています。出来上がったものは軟らかいので、弁当箱の蓋を閉めた時に変形しないよう注意が必要です。

材料

- ・ジャガイモ
- ・マヨネーズ
- ・塩

道具

- ・裏ごし器
- ・ヘラ
- ・つまようじ

1

ジャガイモをよく洗い、濡れたキッチンペーパーにくるみラップで巻き、600wで約3〜4分電子レンジで加熱。(電子レンジの種類のより調理時間は変わります)

2

ジャガイモは皮をむいてつぶし、裏ごしする。マヨネーズと塩少々を調節しながら加えて混ぜる。※食紅で色をつけることもできます。

3

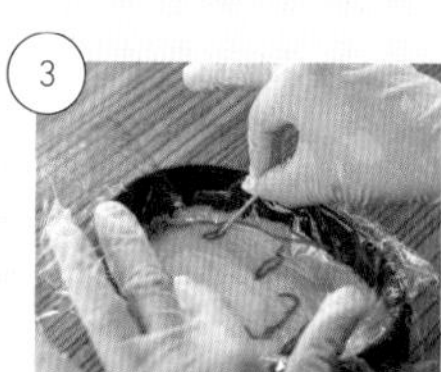

下書きしたラップをポテトサラダの上に置き、爪楊枝などで下書きをなぞる。

4

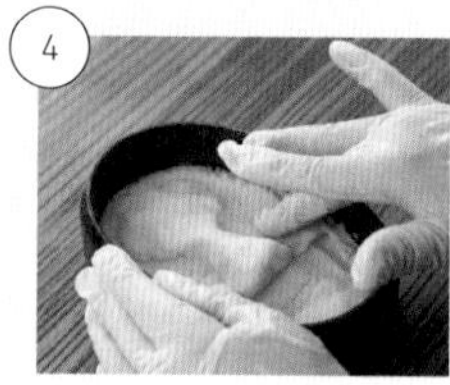

指やヘラなどを使って成形する。
※柔らかいので移動させるのが難しい場合は凍らせると良い。

読み取ると作り方の動画を見ることができます。

Technique

03 白玉小麦粉団子

ポテトサラダ同様、弁当に半立体の何かを入れたい時によく使うのが白玉粉で作った団子です。細かい形に仕上げたい時には、小麦粉を混ぜます。ツヤツヤした質感があり、表現したいものによりポテトサラダと使い分けています。茹で固めてはいますが、軟らかくくっつきやすいので、変形することをあらかじめ想定して使いましょう。

材料

- 白玉粉
- 小麦粉
- 水
- 食紅など

1 白玉粉と小麦粉を1:1の割合で配合し、耳たぶくらいの軟らかさになるまで水を加えて混ぜる。

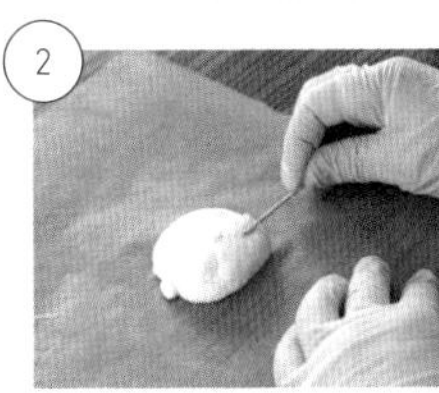

2 クッキングシートの上で爪楊枝やヘラを使って形を作る。
※食紅で色をつけることもできます。

3 沸騰したお湯の中にクッキングシートごと入れて茹でる。その後、冷水で冷やす。
※容器やクッキングシートにくっついた場合は水でぬらすと剥がれる。

4 出来上がった団子にオブラートアートをする。

動画もCheck

読み取ると作り方の動画を見ることができます。

Technique

04 麺類の弁当

一般的に麺を弁当にすると、伸びたり、くっついて食べにくいのが難点です。解消するためには少し工夫をしてみましょう。私なりの方法をご紹介します。麺をレパートリーに加えることで弁当のバリエーションがグッと広がります。

[焼きそばのコツ]

具と麺は別々に炒め、ボールに入れてソースと絡める。
しっかり冷めてから弁当箱に詰める。
※ナポリタンも同じ。

[茹でた麺のコツ(パスタ、冷麺、素麺、蕎麦など)]

1

たっぷりの沸騰したお湯に麺を入れ、再び沸騰させて蓋をし、火を止める。茹で上がり時間になるまで待つ。

2

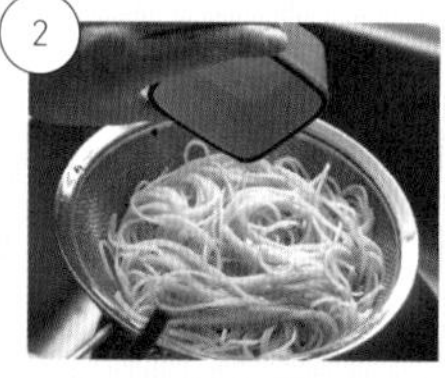

茹で上がったらザルにあげ、流水でぬめりを取り、水をしっかり切って、少量の酢とオイルをまぶしてコーティングする。

3

味をつける場合は、麺とソースをボールの中に入れて混ぜる。(ソースは水分の少ないものを使う)

4

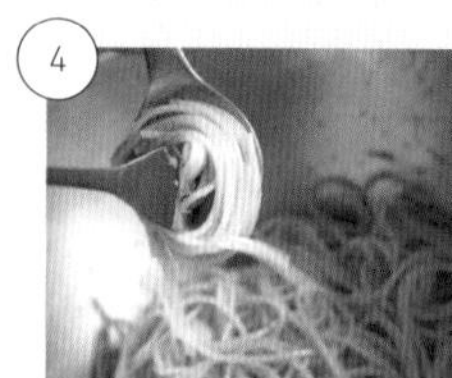

フォークを使って一口大に丸めながら、弁当箱に詰める。

動画もCheck

読み取ると作り方の動画を
見ることができます。

Technique

05 ナンの弁当

難しそうに感じるナンを使った弁当。少し工夫をすれば、意外と簡単に作ることができるのでおすすめです。ナンの生地は前日に仕込んで冷蔵庫でゆっくりと発酵させます。朝はそれを伸ばして焼くだけなので、それほどバタバタすることはないのです。正直なところ発酵にムラはありますが、パンではなくナンなので、ナンら問題ありません。

材料(2枚分)

- 強力粉…250g
- ドライイースト…5g
- 塩…5g
- 砂糖…20g
- オリーブオイル…小さじ1/2
- ぬるま湯…150cc ※様子を見ながら調整

1

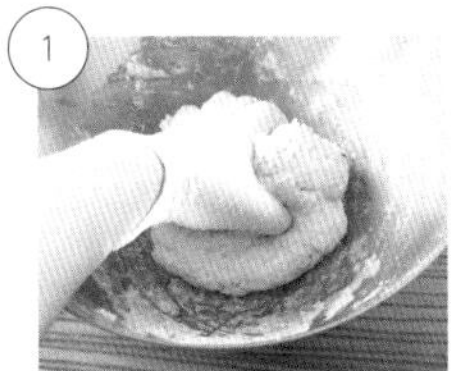

ぬるま湯50ccに砂糖とドライイーストを入れよく溶かし、イースト液を作る。残りの材料を合わせ、イースト液を加えて混ぜ、よくこねる。

2

密閉容器などに入れて冷蔵庫で6〜8時間かけてゆっくり発酵させる。

3

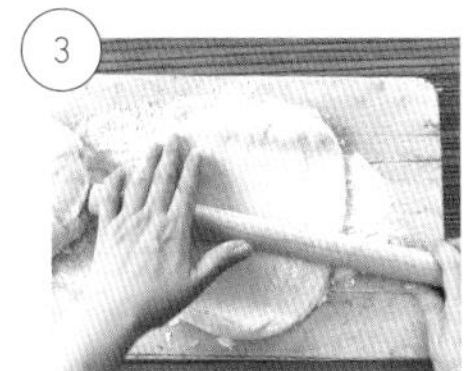

生地を2等分にして、麺棒で伸ばし形を整える。

4

中火に熱したフライパンで両面焼き色がつくまで焼く。ナンの表面に水を塗り、似顔絵を描いたオブラートを貼る。輪郭に沿ってナイフで切る。

動画もCheck

読み取ると作り方の動画を見ることができます。

案内

本書の読み方

ムンクのシャケび

2018年8月31日（1時間30分）

2

3

動く弁当

4

5

1

ムンクのシャケび弁当

毎週金曜日に作っている恒例のシャケ弁シリーズでは、ムンクの『叫び』を描いてみました。こんな弁当を作っていると、たびたびリクエストをいただきます。その中で一番多かったのがムンクの『叫び』。

でも、当時の私は作るのに躊躇していました。そのまま描いてしまうとちょっと気持ち悪いし、食べにくいと思っていたんです。ところが、この弁当を作って以来、迷いは一気になくなりました。そこは現在の前衛弁当を知る人ならば、ご理解いただけるでしょう。

最近では「怖い」「食べられない」というコメントをバンバンいただき、キモ系弁当作家のポジションもいただいております。

そう、ムンクの『叫び』なんて、今にして思えばかわいいものです。

Motif

『叫び』はノルウェーの画家エドヴァルド・ムンクが1893年に制作したムンクの代名詞とも言える作品。

Technique

● オブラートアート（→P011）

019

❶ 著者による弁当の解説が書かれています。気まぐれ的に詳細なレシピを書いているかと思えば、弁当を作りながら思ったことを徒然なるままに綴ったりしています。よく読むと、著者のキャラクターがちらほらと垣間見えたりします。

❷ 弁当を作った日、弁当を作る時にかかる時間を記載しています。時間はだいたいの目安です。

❸ 二次元バーコードを読み取ると、ソーシャルネットワーク「Instagram」で、著者が運営・投稿している「nancychannel」のリール動画や、関連情報が掲載されているサイトにつながります。

❹ 弁当の題材となった作品や著名人の説明が書かれています。

❺ 弁当を作る時に用いるテクニックを紹介するページを案内しています。

第2展示室

オルタナティブアート

麗子ほくそ笑み弁当

ムンクのシャケび弁当

大豆の耳飾りの少女弁当

モナリザも微笑む日本のキャラ弁

衝撃注意のオフィーリア弁当

私だって描けるじゃん弁当

おかかは踊る弁当

ハラハラドキドキの接吻弁当

マン・レイのたらこ唇弁当

ピンチで生まれたマティス弁当

三美神弁当

トウモロコシを吹く少年弁当

コーンを食らうサトゥルヌス

ジャコメッシー弁当

テクマクマヤコン弁当

星月夜ぐるぐる弁当

サロメとサヨリ弁当

ギックリ腰注意弁当

贅沢は素敵だ！ 弁当

Ça va 弁当

2019年8月22日(2週間)

麗子ほくそ笑み弁当

山口県立美術館の「没後90年記念 岸田劉生展」のCMのために「麗子キャラ弁」を作りました。後藤誠一(福岡のCMディレクター)さんから絵コンテが送られてきた時は、心ときめき、あまりの喜びに小躍りしましたが、いざ作ってみると、作れない!! 何度も試作して、麗子まみれの日々が撮影当日まで続きました。

見るのも嫌になるくらい麗子と向き合った日々を回想しながら完成CMを見た時は、感無量。そして二度と作れない……と思いました。麗子の顔はポテトサラダを使用しています。胴体はハンバーグで、帯はカニカマ、ケープは緩めにしたマッシュポテトを搾り出して作っています。そして、手に持っているのは枝豆。自分の全ての技術とアイデアを詰め込んで作りました。

Motif

大正画壇に異彩を放った岸田劉生の愛娘をモデルにした代表作『麗子像』。神秘的な微笑みが印象的な作品。

山口県立美術館
「岸田劉生展」CM→

Technique

- オブラートアート(→P011)
- ポテトサラダ(→P012)

🕒2018年8月31日(1時間30分)

ムンクのシャケび弁当

毎週金曜日に作っている恒例のシャケ弁シリーズでは、ムンクの『叫び』を描いてみました。こんな弁当を作っていると、たびたびリクエストをいただきます。その中で一番多かったのがムンクの『叫び』。

でも、当時の私は作るのに躊躇していました。そのまま描いてしまうとちょっと気持ち悪いし、食べにくいと思っていたんです。ところが、この弁当を作って以来、迷いは一気になくなりました。そこは現在の前衛弁当を知る人ならば、ご理解いただけるでしょう。

最近では「怖い」「食べられない」というコメントをバンバンいただき、キモ系弁当作家のポジションもいただいております。

そう、ムンクの『叫び』なんて、今にして思えばかわいいものです。

Motif

『叫び』はノルウェーの画家エドヴァルド・ムンクが1893年に制作したムンクの代名詞とも言える作品。

Technique

● オブラートアート (→P011)

2020年9月8日(2時間)

大豆の耳飾りの少女弁当

皆さまもよくご存知のフェルメールの『真珠の耳飾りの少女』を、大豆系食材で作ってみました。最初に作った時には、絵があまりにもお粗末で、泣きそうになりました。フェルメールをなめていたのです。ですから、この弁当は二度目に作ったものです。

ご飯の上にひじきの油炒めを敷き詰め、顔はチーズとオブラートアート。青いターバンは大豆粉と卵の白身を混ぜて薄く焼いたものです。垂れ下がったターバンは湯葉、服は油揚げ。最後に大豆の水煮を耳飾りに。自分で言うのもなんですが、思いついた時には「私は天才！！」と思いました。そう、そんな風に思わないと、こんな面倒臭いことできません。さらに、その後の台所の惨状を考えると、自分で自分を鼓舞してテンションを上げるしかありません。

Motif

オランダのヨハネス・フェルメールが描いた『真珠の耳飾りの少女』。「オランダのモナ・リザ」とも称される。

Technique

● オブラートアート(→P011)

🕒2020年9月27日（5時間）

モナリザも微笑む日本のキャラ弁

フードカルチャー誌『RiCE』16号「# 愛をシェアするお弁当」の誌面のために作った弁当です。おしゃれな誌面で、錚々たる方々の素晴らしい弁当に混ざって、無名の私の"とんでもない弁当"が、しれっと登場しました。

弁当は誰もが知っている『モナリザ』が題材です。顔さえ似ていれば、バックに富士山が登場しようと梅干しがあろうと、割烹着を着て、しゃもじを持っていようと「モナリザ」なのです。これぞ名画の威力。富士山は「ととしーと」(P128)と、クリームチーズ。顔はチーズにオブラートアート。割烹着はハンペンで牛肉のそぼろは生姜風味となっています。

味は……、まぁ、普通です。

Motif

レオナルド・ダ・ヴィンチが描いた油彩画『モナリザ』。世界でもっとも知られたイタリア・ルネサンスの傑作。

RiCE16号
愛をシェアする
お弁当→

Technique

● オブラートアート（→P011）

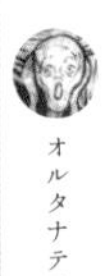

2020年6月25日(2時間)

衝撃注意のオフィーリア弁当

一度見たら忘れられないジョン・エヴァレット・ミレイの『オフィーリア』をモチーフに、涼しげなお粥弁当を作りました。

お粥は前夜に作り、オブラートに描いたオフィーリアを貼り付け、まわりを海苔の佃煮で塗ります。その上に、出汁醤油味の寒天をのせて、サラダチキンと野菜を飾りました。

さて、私の作る弁当は、通勤通学の搬送時に衝撃の多い方の弁当には向きません。特にお弁当を自転車のカゴに入れるなどは、言語道断です。持たせたら、エラいこっちゃ!! ですよ。かつて、息子にキャラ弁禁止を言い渡されたのは、そんな理由からでした。

Motif

ウィリアム・シェイクスピアの戯曲『ハムレット』の中に登場する悲劇のヒロイン「オフィーリア」を19世紀のイギリスの画家ジョン・エヴァレット・ミレイが描いたこの絵画は、ヴィクトリア朝の最高傑作と名高い作品。

Technique

● オブラートアート(→P011)

🕒2021年5月19日(45分)

私だって描けるじゃん弁当

ジャクソン・ポロックの絵にインスパイアされて弁当を作りました。絵を初めて見た時、「ただ絵具を散らしているだけで芸術になるんだ」と衝撃を受けました。

ポロックは抽象表現主義ムーブメントを先導した人物で、直接絵具を滴らせる独自のスタイルを展開した画家です。そのスタイルを真似してオムライス弁当を作ってみました。

さて私の場合、絵の具ではなく6色の卵液を使って、卵焼きを作りました。ごくごく弱火のフライパンの上に、丁寧に1色ずつ散らしていきました。そのため、小麦粉を入れて粘度を出しています。卵焼きが出来上がった時は、コンロの周りもかなり芸術的で唖然としました。

Motif

ジャクソン・ポロックは、20世紀を代表するアメリカの画家。抽象表現主義の先駆者であるポロックの表現は「アクションペインティング」と呼ばれている。

Technique

着色した卵液を熱したフライパンに順に散らし、最後に普通の卵液を流し入れ、薄焼き卵を作る。

2020年12月7日(1時間)

おかかは踊る弁当

私の学生の頃、教科書にも掲載されていた名画、ドガの『舞台の踊り子』をモチーフに弁当を作りました。踊り子のチュチュはカリフラワーを薄切りにしたものです。チキンの甘辛と卵焼きをおかずにして、あり合わせ野菜のサラダをつけました。そして最後に、踊り子の周りにおかかを散らしています。おかかは、おにぎりの具として上位の人気を誇っているにもかかわらず、今まで弁当でメインに扱われたことがなかった日陰の存在でした。しかしこの時ばかりは主役とまではいかないまでも、重要なポイントとしてご飯の上に振りかけられました。するとまぁ……まるで嬉しくて踊っているように見えるではありませんか! なんといじらしいことでしょう。

Motif

エドガー・ドガが描いた作品の中でも有名な『舞台の踊り子』。光と影のコントラストにより生き生きと描かれている。

Technique

● オブラートアート(→P011)

2019年1月17日(1時間30分)

ハラハラドキドキの接吻弁当

クリムトの『接吻』をモチーフに、弁当を作りました。私の作る弁当を見ていただいた方から「ご飯だけですか?」と、よく聞かれます。少し説明しますと、実は見えていない部分に、工夫があるんです。

まず、ターメリックご飯の下に、生姜たっぷりの豚肉のそぼろが入っています。そして炒り卵とほうれん草……ときたら、ズバリ!!「三色弁当」。最後にチーズにオブラートアートをして、切り抜いて飾って出来上がり。オブラートアートは、いつも前日の夜に用意しているのですが、とにかく睡魔との戦いです。キリの良いところで投げ出して、明日の自分に、大いに期待して寝ます。

ですから、正直、完成するまでは、ハラハラドキドキなのです。

ピザバージョン

Motif

オーストリアの画家グスタフ・クリムトが描いた油絵『接吻』。アールヌーボーの代表作。

Technique

● オブラートアート(→P011)

オルタナティブアート

2020年8月27日(1時間)

マン・レイのたらこ唇弁当

マン・レイ の『天文台の時－恋人たち』をモチーフに、弁当を作りました。たらこと酢豚(野菜多め)ですが、塩分注意です。

さて、モチーフにしたマン・レイは、20世紀のアートシーンにおいて、さまざまな芸術活動を繰り広げてきたマルチアーティストです……と、めちゃくちゃざっくりとした説明で、すみません。とにかく！ 大好きなアーティストなのでよくモチーフに使います。

アート系の弁当は自分でもテンションが上がるのですが、バランスや予算を無視しがちになります。常に、緊縮財政の我が家としても、それはそれは大問題なので、とりあえず対策として空腹時の買い物はやめることにしました。

効果があるかどうかは分からないけれど……。

Motif

マン・レイの代表作『天文台の時－恋人たち』。美貌の写真家リー・ミラーの唇がモチーフだと言われている。

Technique

● オプラートアート(→P011)

🕒2019年10月2日(1時間30分)

ピンチで生まれたマティス弁当

マティスの『Blue Nudes』をモチーフに、弁当を作りました。マティスが切り絵に没頭していたのは晩年のこと。筆を持てなくなったため、仕方なく始めた表現方法だったらしいです。しかし、これが真骨頂ともいえるスタイルになったことは、言うまでもありません。

本当に人生はどうなるか分かりません。私も、このシリーズは潔さが素晴らしい大傑作だと思っています。ですが、そこは弁当。いくら潔いのが良いといっても、私が作る切り絵にそんな迫力が出るわけもなく、邪魔にならないように食材の配置にこだわり、調和を意識して仕上げました。

スケールは小さいですが、食材がピンチな時に生まれた弁当でもあります。

Motif

「色の魔術師」と呼ばれたアンリ・マティスの『Blue Nudes』。晩年、思いがけない悲劇により絵が描けなくなった画家が、青色に塗った紙を切り表現した集大成とも言える切り絵作品。

Technique

●ととしーと(→P128)

2021年3月17日(3時間)

三美神弁当

ニッピコラーゲン化粧品とのコラボ企画で、前衛弁当教室の動画を作ることになりました。内容は基本お任せという、なんとも嬉しい企画です。

そこで、ボッティチェリの「プリマベーラ」の中に描かれている三美神をモチーフに寿司弁当を作りました。

まず、白米に黒米を混ぜ、そこに「ニッピコラーゲン100」をひとさじ。炊き上がったらすし飯にして、人参としいたけ、エビ、薄焼き卵の具材を寿司飯でサンドする形で弁当箱に詰めます。スライスチーズにオブラートアートした三美神の裸体に生春巻きの皮を貼り、女神の羽衣を表現しています。

詳しく知りたい方はQRコードに導かれて動画をご覧ください。

Motif

サンドロ・ボッティチェリの『春』にも描かれている三美神。その名前は「輝き・喜び・花の盛り」を意味する。

Instagram Reels
@nippicollagen_
cosmetics
前衛弁当教室→

Technique

● オブラートアート(→P011)

2020年2月6日(1時間10分)

トウモロコシを吹く少年弁当

マネの『笛を吹く少年』をモチーフに、弁当を作りました。ご飯はトウモロコシを1本丸ごと入れて炊く、トウモロコシご飯。そして、少年はチーズにオブラートアートで仕上げました。ちなみに、少年はフルートの代わりにベビーコーンを吹いています。また、おかずは卵焼き、カボチャサラダ、パプリカ塩炒めで、黄色系食材で揃えました。

さて、トウモロコシを食べると歯の間に実が挟まって大変です。ある方に綺麗に実をとる方法を教えてもらったのですが、それを食べるとなんだかとっても味気ない。ガッとかぶりつき、歯の間に実が挟まることも含めて、トウモロコシのおいしさなのかな……と思う、今日この頃。

Motif

エドゥアール・マネが描いた『笛を吹く少年』。一説によると顔の部分だけ息子の顔だと言われている。

Technique

● オブラートアート(→P011)

🕒2021年6月2日(1時間30分)

コーンを食らうサトゥルヌス

初めてこの絵を観た時に震え上がった『我が子を食らうサトゥルヌス』をモチーフに、弁当を作ってみました。この絵は、フランシスコ・デ・ゴヤの14点から構成される『黒い絵シリーズ』の一枚です。ゴヤの自宅の壁に、直接描かれたものだといわれています。

さて、この弁当のご飯はとうもろこしを一本丸ごと入れて炊いています。味付けは塩だけなのですが、甘さが引き立って、それだけでおかずはいらん、という感じ。他に、サトゥルヌスを引き立てるために黄色いおかずばかりを選びました。卵焼き、パプリカのグリル、ターメリックポテト。あと、ケシの実と昆布の佃煮とインゲンはアクセントです。この弁当を作って気づいたことですが、確かにすごく怖い絵ですが、実に漫画っぽい顔をしてまいす。

Motif

フランシスコ・デ・ゴヤが描いた「我が子を食らうサトゥルヌス」。連作「黒い絵」の中の一点。

Technique

● オブラートアート(→P011)

●2019年6月10日（1時間）

ジャコメッシー弁当

ジャコメッティの『歩く男』をモチーフに、弁当を作りました。ジャコメッティの製作風景の写真を美術館で見る機会があり、創作意欲に火がつきました。

パスタの芯に、グレー色に着色したポテトサラダをペタペタはって「歩く男」を作ってみたものの、出来上がって「う〜ん」と考えました。そこから、どうやって崩さずに弁当箱に移動させるのか？ パスタは水分を含みふにゃふにゃ。ポテトサラダはもともとふにゃふにゃ。そこで、考え抜いて考え抜いて出た答えが「冷凍」でした。

翌朝、ご飯にチリメンジャコを敷き、冷凍した「歩く男」をのせた時、ドヤ顔だったのは、言うまでもありません。

Motif

針金のように極端に細い人物彫刻で知られる、アルベルト・ジャコメッティの代表作『歩く男』。

Technique

●ポテトサラダ（→P012）

2020年10月21日（1時間30分）

テクマクマヤコン弁当

ロイ・リキテンスタインの『鏡の中のる少女1964年』をモチーフに、弁当を作りました。「テクマクマヤコン」って、知っている世代は同世代です。ほとんどの人がご存じないかと思います。昔のアニメ『ひみつのアッコちゃん』が、鏡を見ながら唱える魔法の呪文です。

この言葉を唱えた後に「○○○○になぁれ！」と言うと、変身できるのです。

私もこの弁当を作る時、思わず口走ってしまいました。何しろこのモチーフはオブラートに点々を描くのが大変。老眼には結構キツイ作業です。

「テクマクマヤコン、テクマクマヤコン、老眼ではない自分になぁれ……」大きな声で唱えても、呪文だけが夜の闇に消えていきました。

Motif

アメリカのポップアートを代表する画家ロイ・リキテンスタインの『鏡の中の少女1964年』。

Technique

● オブラートアート （→P011）

🕒2021年6月7日（1時間15分）

星月夜ぐるぐる弁当

フィンセント・ヴィレム・ファン・ゴッホの『星月夜』をモチーフに弁当を作りました。この絵は自分の耳を切断するという衝撃的な事件を起こした後に、入院中の病院の窓から見た風景だといわれています。私も明日の弁当のアイデアが浮かばない時は窓から絶望の星月夜を見ています。

さて、おかずは豚の紫蘇巻きとズッキーニの塩炒め。ご飯はエノキご飯です。炊飯器に洗ったお米とだし汁、エノキ、ショウガを入れて炊きました。その上にクリームチーズを薄く伸ばしてオブラートアート。黒い部分はキクラゲを煮たものです。月と星は卵焼きで仕上げにのせています。作業は爪楊枝でクリームチーズや食紅を塗ったりして集中してちまちまやっています。この日もそんな作業中、うっかり朝ごはんのパンを焦がしてしまいました。

Motif

フィンセント・ヴィレム・ファン・ゴッホがサン＝ポール・ド・モゾル修道院の精神病院で療養中に描いた『星月夜』。

Technique

● オブラートアート（→P011）

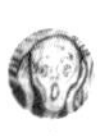

2021年6月8日(1時間30分)

サロメとサヨリ弁当

オスカー・ワイルドの戯曲『サロメ』のオーブリー・ヴィンセント・ビアズリーの挿絵をモチーフに弁当を作りました。私がビアズリーを知ったのは高校生の頃。1度見たら忘れられない魅力があります。耽美的でエロティックなので、こっそり見ていました。

さて、弁当はサヨリとニンジンのナポリタンです。サヨリは塩胡椒で焼いて半分に切り、尻尾の方を飾り用に、残りは骨を抜いてナポリタンの奥の方に隠しています。ビアズリーの絵ははんぺんにオブラートアート。

ご存知の方もいらっしゃるでしょうが、サヨリは外見はシュッとした美しい魚で、淡白な味でクセもなく食べやすいですが、腹を開きワタを取り出すと、中は真っ黒なんです。美しくて腹黒い魚。サロメにぴったりだな……と思いました。

Motif

オーブリー・ヴィンセント・ビアズリーが描いたオスカー・ワイルドの戯曲『サロメ』のクライマックスシーンの挿絵。

Technique

- オブラートアート(→P011)
- 麺類の弁当(→P014)

●2020年1月29日（1時間15分）

ギックリ腰注意弁当

ジャン＝フランソワ・ミレーの『落穂拾い』をモチーフに、弁当を作りました。そう、この体勢は腰痛注意です。ギックリ腰を何度か経験した私は、そう思います。床に落ちたレゴを拾っている時、ストッキングを履こうと屈んだ瞬間、その痛みはやってきました。

何年かおきに整形外科に通っている私。ちょっと前は五十肩でした。ひどくこじらせてからの通院だったため長引きました。ある方から「悪霊が憑いている」と言われ、そっちばかり気にしていましたが、その前に病院に行くべきだったな……と、今は反省しています。

そして、どこにも書き残しておらず、この弁当を何で作ったかわからないことも、猛烈に反省しています。

Motif

ジャン＝フランソワ・ミレーの『落穂拾い』。最も貧しい農民が行うつらい労働を表現している。

Technique

● オブラートアート（→P011）

2020年10月5日（2時間）

贅沢は素敵だ！弁当

タマラ・ド・レンピッカの『ブガッティに乗るタマラ・ド・レンピッカ』をモチーフに、弁当を作りました。見た目では分からないと思いますが、ちらし寿司です。

具はエビ、薄焼き卵、紅生姜をご飯とご飯の間に挟んでいます。卵の白身とたこ焼き粉を混ぜて焼いたシートと、チーズにオブラートアートしたもので絵を作り、運転している緑のブガッティはキュウリの皮で表現しました。

タマラ・ド・レンピッカは、大好きな画家です。20代の頃に石岡瑛子さんが大々的に日本に紹介し、知りました。数年前に、本物を目にした時の感動は今でも忘れられません。あの華麗で素敵な絵の数々。

台所の片隅で思い出しながら、贅沢な時間を過ごしました。

Motif

美貌の女流画家タマラ・ド・レンピッカのスタイリッシュな自画像『ブガッティに乗るタマラ・ド・レンピッカ』。

Technique

● オブラートアート（→P011）

🕒2021年2月15日（1時間30分）

Ça va 弁当

Ça va?（サバ？）と、妖艶な人魚が語りかけます。 大好きな宇野亜喜良さんの人魚をモチーフにしました。ご飯はターメリックとチキンブイヨンでうっすら味付けしました。人魚の上半身はスライスチーズにオブラートアート。その上に、焼いたノルウェー産の塩サバをのせて人魚の出来上がり。コショウとレモン、ぶぶあられが効いています。

さて、人魚といえば、小川未明の『赤い蝋燭と人魚』の絵本。宇野亜喜良さんはもちろんですが、他にも酒井駒子さん、いわさきちひろさんの絵本があります。まとめて欲しいのですが、欲望と断捨離の間で気持ちが波のように揺れて、まだ買うのを躊躇らっています。

Motif

挿絵画家でありグラフィックデザイナーでもある宇野亜喜良のペンで描かれた人魚の絵。

Technique

● オブラートアート（→P011）

後藤誠一

SEICHI GOTO

ごとう・せいいち／山口大学経済学部卒業。CM制作会社勤務を経てフリーランスに。コピーライター、CMプランナー、CMディレクターとして多方面で活躍。

作品を咀嚼して、再現する力
クオリティの高さと努力に脱帽

山口県立美術館のTVコマーシャルを長く担当しています。2019年に開催した「没後90年記念 岸田劉生展」のCMを作ることになった時、今までと違う見せ方はないだろうかと、色々と考えながらインターネットで検索したところ、まさかの『麗子像』を弁当で作っているナンシーさんを発見(笑)。即オファーして快諾をいただきました。

CM制作に関しては、『麗子像』の持つリアルさや不気味さを出したくて、30回ほど作り直しをお願いしました。直しを依頼するたび、予想を上回るクオリティで仕上げてくれるので、どんどん熱が入った感じです。麗子の着ている羽織の編み目をジャガイモで表現してくれた時は、その再現度の高さに思わず唸らされました。CMの評判も上々で、「ぐろ～かるCM大賞」など、いくつかの賞を受賞し、美術館の関係者にも喜んでもらえました。ナンシーさんの弁当があったからこそだなと感謝しています。

作品を自分の中に落とし込み再現する力に長けた方なので、また何か一緒にできたら嬉しいです。

第3展示室

ジャポネスク

宮島じゃけぇ弁当

阿伏兎観音堂じゃけぇ弁当

若冲の髑髏図弁当

どちらから食べるのか?弁当

アフロ大仏弁当

口から仏像弁当

若冲タイガーオムライス弁当

鬼札弁当

風神雷神弁当

縄文遺跡群 世界遺産登録おめでとう!弁当

国芳金魚弁当

大仏弁当

暁斎の鴉弁当

降格武将絵弁当

鷹寿司弁当

能麺弁当

2020年3月6日（3時間）

宮島じゃけぇ弁当

歌川広重の『諸国六十余州名所図絵　安芸 厳島祭礼之図』をモチーフに、弁当を作りました。厳島神社のあの大鳥居を大胆に切ってしまう、広重の絵師の魂を感じる一枚だと思います。私はそれに応えるべく、鳥居をごぼうと高野豆腐で表現してみました。

さて、この弁当を作るために、私はゴボウをたくさん購入。我が家の食卓ではキンピラゴボウがヘビロテでした。食材を使い切るまでが弁当作りです！ さらに、弁当作りの最終目的は「オットさんが食べる」こと。作って撮影したら、数時間後に箸を刺して、バラバラにして食べてしまいます。前衛弁当は、おいしさへの期待感や驚きのために必要以上にエネルギーを注ぎますが、反面すぐに食べてなくなるという儚さもあります。まさに諸行無常の世界です。

Motif

歌川広重の『諸国六十余州名所図絵　安芸 厳島祭礼之図』、日本三景の一つ宮島の鳥居が大胆に描かれている。

Technique

- オブラートアート（→P011）

🕒2020年3月5日（3時間）

阿伏兎観音堂じゃけぇ弁当

歌川広重の『諸国六十余州名所図絵 備後 阿武門観音堂』をモチーフに、弁当を作りました。「なぜ、こんなところに観音堂が!?」と、激しく突っ込みを入れたくなりますが、奇勝にして絶景の阿伏兎観音として愛されています。瀬戸内海を一望できる観音堂の正面には、少し傾いた回廊を進まなくてはなりません。目の前に広がる絶景と、背後にある安産祈願のおびただしい数の「おっぱいの絵馬」は強烈なインパクトで、一見の価値ありです。

さて、この絵のポイントは、なんといっても朧月夜の静けさとは対照的に、岩とそこにぶつかる波の荒々しさ。ですから、忠実に描くのではなく、ハンバーグをちぎって岩に見立て、水しぶきはクリームチーズを使い、大げさに表現しました。

Motif

歌川広重の『諸国六十余州名所図絵　備後 阿武門観音堂』。崖下の荒々しい波とは対照的に静かな月明かりが印象的な作品。

Technique

● オブラートアート（→P011）

2019年6月19日（1時間30分）

若冲の髑髏図弁当

伊藤若冲の『髑髏図』がモチーフです。若冲のメンターだったといわれている売茶翁が、この絵に「一霊皮袋　皮袋一霊」の言葉を残しています。売茶翁は茶を売りながら説法をしたといわれるユニークな文化人のようで、正直、何が言いたいのか私にはよく分かりませんが、この絵の魅力を引き立てています。

髑髏部分はポテトサラダです。オブラートアートで線を書いています。背景の黒いパスタはGABANのブラックスパゲティ。スープジャーには、野菜を細かく刻んで作ったミートソースが入っており、少し笑っているような髑髏に赤いソースをかけて食べてもらいました。結果、若冲の絵を台無しにしているばかりか、シュールさを倍増させることとなりました……。

Motif

江戸中期の奇想の天才絵師 伊藤若冲ゆかりの京都宝蔵寺にある『髑髏図』。現代でも大人気のデザイン。

Technique

- オブラートアート（→P011）
- ポテトサラダ（→P012）
- 麺類の弁当（→P014）

2020年7月9日（2時間）

どちらから食べるのか？弁当

歌川国芳の『両面相 伊久 げどふ だるま とくさかり』がモチーフです。こうした『上下絵』は、世界中にある絵画のジャンルで、上下を逆さまにしても人間の顔に見える騙し絵のことです。この絵は、上からだと達磨（だるま）に見え、逆さにすると外道に見えるという、善と悪との共存を表す仕掛けがあります。この絵が描かれた当時、教養人はさぞ唸ったことでしょう。試しにこの本をクルっと回転させて遊んでみてください。私はむしろ外道の笑顔に癒やされたりします。しかし、この親しみやすい笑顔に騙されてはいけません。古今東西、悪人面をして近づいてくる悪人は分かりやすく、避ければ良いだけ。むしろ、印象の良さで人の懐に入り込み、悪事をする人。これが一番危険で恐ろしいのではないでしょうか？ ともあれ、食べるのはどちら向きからでもどうぞ。

Motif

上下絵は上下逆さまにしても人間の顔に見える騙し絵（逆さ絵）で、江戸時代からあったジャンル。

Technique

● オプラートアート（→P011）

🕒2019年9月02日（1時間15分）

アフロ大仏弁当

京都の金戒光明寺にある『五劫思惟阿弥陀仏（ごこうしゆいあみだぶつ）』をモチーフに、弁当を作りました。通称、アフロ大仏。罰当たりかもしれませんが、最初に見た時は笑ってしまいました。どうしてこのような頭になったのか？ 気になるところです。当然のことながら、アフロを意識したものではありません。

この阿弥陀仏さまは、人々を救うために五劫（※計り知れないほどのきわめて長い時間を指す仏語）修業を続け、没頭するあまり、いつの間にか髪の毛が伸び放題！ 加えて、縮れてしまったという壮絶な過去を持つ、ありがたい仏様なのです。

頭と胴体は、ポテトサラダに麻の実を埋め込んで螺髪を作り、とんかつと、富山の生地蒲鉾の「赤巻」で飾って仕上げています。

Motif

「くろ谷さん」の名で親しまれる浄土宗大本山。金戒光明寺にある『五劫思惟阿弥陀仏』。

Technique

- オブラートアート（→P011）
- ポテトサラダ（→P012）

2018年10月7日(1時間)

口から仏像弁当

『空也上人立像』をモチーフに、弁当を作ってみました。この像は、歴史の教科書などで目にして、頭に焼き付いています(そんな方も多いのでは?)。胸に鉦(かね)を持ち、右手に撞木(しゅもく)。左手に鹿の杖をつき、細い膝をガクガクさせながら(想像です)、すり減った草鞋をはき、念仏を唱えながら市中を歩いていたようです。一遍上人を一躍有名にした『踊り念仏』のルーツともいえる活動をされ、当時は大人気だったようです。特に「南無阿弥陀仏」と、念仏を唱えると、口から阿弥陀仏が出てきたという伝承は、当時のカリスマぶりがうかがえます。さて、そんな空也上人像をモチーフにカツ丼弁当を作りました。スープジャーにタレが入っています。また、この弁当は雑誌『Kyoto Journal』(美術図書出版 紫紅社)に掲載されました。

Motif

平安時代の中期に「南無阿弥陀仏」を唱えて人々に念仏を広めた六波羅蜜寺の開祖である空也上人の像。

Technique

- オブラートアート(→P011)

2019年4月18日(1時間30分)

若冲タイガーオムライス弁当

伊藤若冲が千枚模写したと言われる『虎図』をモチーフに、弁当を作りました。この愛嬌のあるタイガーの顔が、私は大好きです。これはオムライス弁当なのですが、ケチャップライスの赤を強調させるために、ご飯以外は赤系の食材のみで作りました。ですから、ちょっと毒々しい赤になっています。タイガーは普通の薄焼き卵の上に、目と顎、腹の部分に白身だけで作った薄焼き卵をのせ、その上に虎の絵をオブラートアート。さらに輪郭にそって切りました。

実はこの作業、割と手間がかかります。朝の慌ただしい時間。気持ちが焦っていたら失敗します。失敗したらその日は写真を撮らず、悲しい気持ちのまま1日が始まります。相当萎えますけれど、どんまい。失敗からの立ち直りこそが、作家の真価だと思っています。

Motif

『虎図』は京都の正伝寺に伝わる「猛虎図」を伊藤若冲が模写したもの。絵には「虎は日本にいないので、写した」と記している。

Technique

● オブラートアート (→P011)

🕒2019年6月4日（1時間15分）

鬼札弁当

花札の『鬼札』がモチーフです。鬼札は「化札」とも呼ばれ、どんな札にも化けることができ、絵が揃っていなくても札を取ることが出来るという、とても便利なカードです。

鬼札ルールは地方によってさまざまですが、私が知っているのは「柳のカス」を鬼札にするもの。この「柳のカス」は、デザインの趣が違います。シンプルだけに、難しいのです。まず、卵の白身とたこ焼き粉を水で溶いたものに竹炭パウダーをほんの少し入れ、弱火で焼いています。さらに、オレンジ色の「ととしーと」（P128）を貼り、オブラートアートで仕上げました。この時はスープとサラダも作る予定でしたが、残念ながら時間切れ。鬼札の力を持ってしても、時間は止められませんでした。

猪鹿蝶バージョン

Technique

● オブラートアート（→P011）

2020年9月29日.30日(各1時間15分)

風神雷神弁当

俵屋宗達の『風神雷神図屏風』をモチーフに弁当を作りました。二日に分けて作っています。雷神さんは、鶏ムネ肉を使った親子丼。特にひねりはありません。しかし、風神さんは少し変わっていて、青森のリンゴを練り込んだ麺で弁当を作りました。友人が「ウフフ……食べてみて」と、悪戯っ子のような笑顔で持ってきてくれたものです。味の想像がまったくできませんでしたが、茹でるとほんのりピンク色。しかも、思ったよりもしっかりリンゴ風味。悪い予感がしましたが、これを添付のお出汁につけて食べたら、あら不思議！！酸味と甘みのバランスが絶妙で驚くほどおいしかったのです。二曲一双の屏風絵も、麺と出汁の味も、重要なのはバランスなのですね。

Motif

京都建仁寺にある国宝。俵屋宗達の『風神雷神図屏風』。のちに尾形光琳、酒井抱一が模写している。

Technique

- オブラートアート(→P011)
- 麺類の弁当(→P014)

🕒2021年7月6日（3時間）

縄文遺跡群 世界遺産登録おめでとう！弁当

2021年7月27日。青森県を含む北海道・北東北の縄文遺跡群が世界文化遺産に登録されました！それをお祝いして日本最古のキャラクター「遮光器土偶」をモチーフにキャラ弁を作りましたよ。

この土偶は目にあたる部分がイヌイットが雪中行動する際に着用する遮光器（スノーゴーグル）のような形をしていることから、この名がつけられたと言います。

土偶本体はポテトサラダ。バックの黒い部分は黒いキーマカレー。出土した感を出すために、カレールーをさらに炒めて黒くして作っています。この弁当はTwitterの「まるごと青森」で紹介された動画のために作りました。お察しの通り土偶まみれの日々でした。

Motif

目にあたる部分が遮光器に似ていることから「遮光器土偶」と呼ばれる縄文時代につくられた土偶の一タイプ。

twitter
まるごと青森→

Technique

● ポテトサラダ（→P012）

2019年4月23日(2時間)

国芳金魚弁当

歌川国芳の『金魚づくし』から、お気に入りの金魚をモチーフにしています。実はこれ、ちらし寿司です。すし飯・具・すし飯の三段重ねのちらし寿司。具はニンジンとシイタケの煮たもの、キュウリとカニかまぼこ、そして錦糸卵(全く表面に出てきていない部分)。その上にすし飯を敷きつめ、さらにその上に、イタリアンパセリを貼り、出汁に少し塩を入れ、青い食紅で着色した寒天を4mmの厚さにスライスしてのせています(寒天は前日から作りおきし、テグスで切ります)。金魚は、オブラートに描いた絵をスライスチーズにのせて輪郭で切ってのせます。この文章を書いていて思いましたが、ずいぶん面倒なことをしています。前日準備も大変で、酸欠の金魚みたいになりながら作りました。

Motif

歌川国芳が手掛けた浮世絵シリーズ『金魚づくし』に登場する、擬人化されユーモアたっぷりの金魚たち。

Technique

- オブラートアート(→P011)

2021年7月19日（2時間）

大仏弁当

学生時代、美術の時間に記憶だけを頼りに作った“大仏”というのが今回の弁当のコンセプトです。リアルだと食べにくいだろうという配慮ですが、そんな配慮は必要なかったかもしれません。白玉小麦粉団子で本気で作っても、美術の時間以上のものは作れませんでした。

さて、この弁当は茶粥です。奈良の老舗茶舗のほうじ茶で炊いた香り豊かな粥を冷たくして弁当にしました。能登半島の珠洲の塩を混ぜて、金箔をトッピング。後光はパスタで表現してみました。

しかし、なんとか形になって、ほっとしたのも束の間、オットさんが急に「今日は弁当いらなかった」と言いました。しばし呆然……。さすがに大仏さまを作った後に怒る気にはならず、そのまま冷蔵庫にそっと戻し夕食にしてもらいました。

Motif

大仏とは、大きな仏像を指す通称。東大寺の大仏を起源に、全国各地に大仏が造られた。

Technique

● 白玉小麦粉団子（→P013）

2019年8月21日(1時間15分)

暁斎の鴉弁当

「その手に描けぬものなし」という名言が残る河鍋暁斎が描いた、超かっこいい『枯木寒鴉図』の絵を弁当に描いてみました。この弁当の中身は、古代米の一種「黒米」をスプーン一杯混ぜて炊いたご飯に、ひき肉のお醤油炒めと炒り卵をはさみました。その上に隠すようにポテトサラダを敷いています。雨が降っている風情を出すために包丁で1本1本筋を入れました。暁斎の絵は、雨の中で鴉が生き生きと浮き上がって見えますが、私にはそんな腕があるはずもなく、半立体にしてポテトサラダを盛って膨らみをつけてみました。そのせいなのかどうかは分かりませんが、オブラートが歪んでしまい、迫力のない弱そうな鴉になってしまいました。私の場合「この手では作れぬものだらけ」ですが、挑戦は続きます。

Motif

幕末から明治という時代の転換期の絵師河鍋暁斎が描いた『枯木寒鴉図』。その評判は日本国内に留まらず、世界へと広まっていった。以来無数の鴉を描いて「鴉かきの暁斎」と呼ばれた。

Technique

- オブラートアート(→P011)
- ポテトサラダ(→P012)

2020年11月13日(1時間15分)

降格武将絵弁当

歴史は、新仮説が続々と登場しています。この弁当のモチーフとなっている絵も、『足利尊氏像』から『騎馬武者像』になりました。
情報というのは、確かなものばかりではありません。教科書で学んだからといって、真実とは限りません。子どもにそんなことを言うと「そんなら勉強しなくていいじゃん」と言い、本当に勉強しなくなるので、(ウチだけだったかもしれませんが)言いませんでした。

私としましても、降格された武将に不思議な情もあります。このまま上書きせずにおこうと思っています。さまざまな情報があふれた現代社会ですから、必要のないことは頭に入れなくても良いのかな……と、気取ったことを言いましたが、実際のところ覚えられません!

Motif

『足利尊氏像』として教科書にも載っていた京都国立博物館所蔵の『騎馬武者像』。近年別人説が浮上し、改名された。

Technique

- オプラートアート(→P011)

2021年7月1日(1時間30分)

麿寿司弁当

いなり寿司の上に映画『柳生一族の陰謀』に登場した最強の公家、烏丸文麿をのせました。イメージは成田三樹夫さんです。同作をご存じない方もいらっしゃると思いますが、その昔、とてもヒットした映画なのです。その劇中に登場するのが、成田三樹夫さん演じる烏丸文麿。普段は公家らしく、なよなよした言動にもかかわらず、いざという時には眼光鋭く顔つきも一変。公家には珍しく剣豪という設定で、異彩を放っていました。

そんな烏丸文麿をお稲荷さんにのせてみたら面白いだろうなと、思って作りました。ちなみに烏帽子はナスの煮物です。作ってインスタグラムにアップしたら、『柳生一族の陰謀』も烏丸文麿も成田三樹夫さんも知らない世代の子どもたちにも大ウケで驚きました。

Motif

時代劇『柳生一族の陰謀』のキャラクターで剣豪の公家「烏丸少将文麿」を演じた成田三樹夫。

Technique

- オブラートアート(→P011)
- 白玉小麦粉団子(→P013)

🕒2021年6月29日（1時間30分）

能麺弁当

能面は、ほぼシリーズ化していますが、「能面ではなく“能麺”で弁当を作ってはどうか？」と、シンガポール在住のマダムに助言いただき、作ってみました。正直、この話を聞いた瞬間、本気で遊びたくなった私は、この能麺弁当に挑みました。能面本体は白玉小麦粉団子で作り、顔はオブラートアート。この弁当で使っている麺ですが、漆黒の質感が好きなので常備しているGABANのイカスミスパゲティです。

さて、この弁当を作っている時、ちょうどGIFアニメの仕事をいただいていました。それで、少し休憩のつもりで麺を食べている短いアニメを作って編集中の動画に入れてみました。仕事の納期に追われる中、お客さんにはいえませんが本気で遊んだ弁当です。

Motif

能を演ずる際に主人公が着ける面を能面と言う。特に女の面は微妙に表情が変わるため、技量が問われる。

Technique

- オブラートアート（→P011）
- 白玉小麦粉団子（→P013）
- 麺類の弁当（→P014）

田中英一

EIICHI TANAKA

たなか・えいいち／木工家、漆描家。福岡県生まれ、立命館大学経営学部卒業。
埼玉県に工房を持ち木工製品や家具のデザイン、製作、販売を手掛ける。

既成概念を壊して作る独創性
作家としてのあり方に共感して

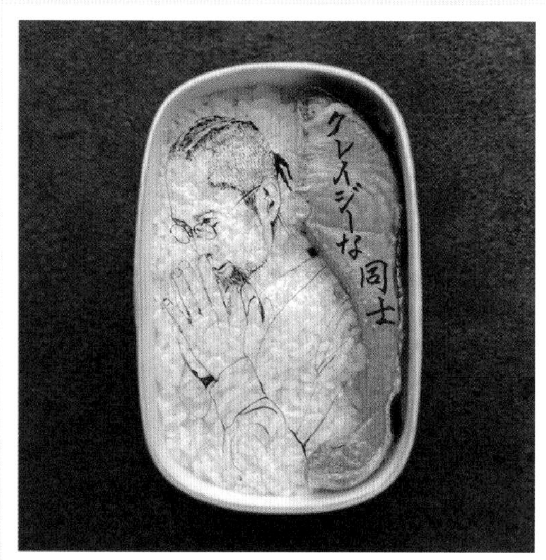

ナンシーさんの作品を初めて見た時、良い意味で「クレイジーなことやってるな」と思いました（笑）。

僕は木工家であり、漆描家でもありますが、漆というと伝統芸術と取られがちです。もちろんそういった側面もありますが、僕はそこに捉われない作品づくりを目指しています。ナンシーさんが作る弁当は、弁当の既成概念を打ち破ったものでした。そして、ただ壊すだけでなく、そこからさらに自分のものとしてオリジナリティを確立するところに、作家として共感しています。

美術館での前衛弁当展に合わせ、お弁当箱製作の依頼をいただいた時はとても嬉しかったです。お弁当の内容は浮世絵を模したものと聞いていたので、縦横比率を考え、フチを赤く塗り額縁に見立てました。お弁当の蓋は緞帳から着想を得て漆で模様を描いています。「今からナンシー劇場の幕が開きますよ」というイメージです。自分の作品展示は今までも多くありますが、お弁当という食べ物でのコラボは初めて。僕にとっても新しい見せ方をすることができ、貴重な経験になりました。

第4展示室

ネオ・ポートレート

ベートー弁

アインシュタイン寿司弁当

エビチリ丼だけ〜弁当

役員にかならずいる人弁当

ロシアンルーレット弁当

音楽室で目が合う人弁当

偉大なダリ弁当

ザビエルに懺悔弁当

佐々岡餅弁当

Buono! 弁当

長寿と繁栄を弁当

マミラー弁当

オオクボックスもじゃもじゃ弁当

詰めが甘い弁当

2019年9月9日(1時間30分)

ベートー弁

オムライスの上に、ベートーヴェンを描いてみました。ベートーヴェンの髪は、とろろ昆布をピンセットでチマチマと貼っています。マフラーはパプリカで、アスパラガスは、名曲『運命』の盛り上がりを表現しています。脳内で『運命』が大音量で流れるように……。皆さんには、聞こえますか?

さて、この弁当を作る前日、オットさんと買い物に行きました。とろろ昆布を発見したその瞬間、頭の中で『運命』が大音量で流れ、「ベートー弁」が頭に浮かびました。恐るべき弁当脳です。

ちなみに“キャラ弁あるある”で、お昼になりオットさんが弁当箱を開けると、その姿は変貌を遂げていました。とろろ昆布はみごとに縮み、普通のおじさんがそこにいたそうです。

Motif

ドイツの作曲家、ピアニスト。ルートヴィヒ・ヴァン・ベートーヴェン。音楽史上極めて重要な作曲家の一人。

Technique

● オブラートアート(→P011)

🕒2018年10月2日（1時間15分）

アインシュタイン寿司弁当

アインシュタインを描いてみました。有名な舌出しの写真を模写しています。この弁当の中身は、ちらし寿司です。いつものことですが、具は中にみっちりと入れて、隠しています。というのも、舌の部分に飾る形の良いエビの開きがなかなかできなくて、山のような失敗エビを隠しています。

さて、ノーベル物理学賞と聞いて、その昔、物理で0点をとったことがある私は、軽く拒絶反応を起こします。今でも、どんな学問なのかがさっぱり分かりません。物理が苦手だったことは覚えているのですが、あんなひどい成績で、どうやって卒業できたのか、まったく記憶がありません。ひょっとしてあの0点が記憶間違いだったのでしょうか……。そうだったら、少し気持ちが楽になります。

Motif

ノーベル物理学賞を受賞したアルベルト・アインシュタイン。20世紀最高の物理学者と称される。

Technique

● オブラートアート（→P011）

🕒2020年9月9日(1時間15分)

エビチリ丼だけ～弁当

頭をエビチリでモリモリにした、ゴージャスなIKKOさんです。朝からエビの下処理をして、調味料も調合し、チリをたっぷり入れてエビチリを作りました。絶妙な軟らかさの炒り卵との相性もぴったりです。

さて、エビが入っているだけで豪華だと思うのは、昭和生まれだからでしょうか？ よく考えたら、エビって庶民の味方というほどではないけれど、今ではそんなに高級な食材でもないように思います。ずいぶんと昔、超貧乏から抜け出してエビフライを作った時「ここまできたか……」と、思いました。私がいう“ここ”は、特別なステージでもなんでもないのですが、貧乏から抜け出した喜びの記憶と相まって、私にとって特別な食材になったように思います。そんな、感慨深いエビチリ。

Motif

書家、美容家としてタレント活動をしているIKKO。美容家になる前はヘアメイクアーティストとして活躍。

Technique

● オブラートアート(→P011)

◔2020年8月26日（1時間30分）

役員にかならずいる人弁当

阿佐ヶ谷姉妹の似顔絵を描いたおむすびを入れて、弁当を作りました。このお二人、誰もがどこかで会っているような雰囲気があると思いませんか？ 子育てしている間、私はPTA、子供会、部活の保護者会など、幾つか役員を経験してきました。その中で出会った方の中に、こんな雰囲気の人がいたのです。笑顔がデフォルトになっていて、大して面白くもないことでも笑ってくれる。そんなにすごいアイデアでもないのに、手を叩いて絶賛してくださる。

私はいつも逸脱気味で、圧の強いまとめ役の役員さんに叩かれまくっていましたが、そんな時も、そっと「間違ったこと言ってないよ」と慰めてくれたものです。そんな優しいママ友に感謝と尊敬と愛情を込めて、少しおかずを多めに作りました。

Motif

「阿佐ヶ谷姉妹」というコンビ名で、渡辺江里子（姉）と木村美穂（妹）の2人から成るお笑いコンビ。

Technique

● オブラートアート（→P011）

2020年11月25日(1時間30分)

ロシアンルーレット弁当

餃子をロシア風(そうなのか?)に包んで、揚げてみました。さらにもう一手間加え、激辛を一つ潜ませてみました。そして、ロシア代表のプーチン氏が見守る中、ドキドキしながら食べてもらいましたよ。実際には、オットさんが一人で弁当を食べているので、激辛は必ずオットさんに当たります。遅いか早いかだけの問題なので、割に合わないゲームを仕込んでしまったことになりますね。

さて、この餃子につけるタレなのですが、コチュジャンが入った赤味噌と水切り塩ヨーグルトの二種を用意しました。スタンダードにポン酢が好きなのは知っているのですが、面白くないのであえての挑戦です。一人ロシアンルーレットといい、あえての挑戦といい、そんなものは、日々の弁当作りにはまったくいらないですね。

Motif

ロシア連邦の政治家ウラジーミル・プーチン。世界的な経済誌で「世界でもっとも影響力がある人物」に選ばれた。

Technique

● オブラートアート(→P011)

2019年7月11日（1時間30分）

音楽室で目が合う人弁当

音楽室の作曲家の絵って、よく目が合います。そんな目が合う作曲家の一人、バッハを冷やしうどんとキュウリで表現してみました。

さて、この弁当のためにベジヌードルカッターを買いました。最安値をインターネットで。しかし、これがさすがの安物で、まったく切れないし、すぐに目詰まりを起こし使いづらいのです。もしかしたらこんなものなのかしら？　と思いましたけれど、いやいや……それでは調理器具として通用しません。私は買い物でよくインターネットを利用します。ほんの数分でお目当ての商品を買うことができるので、とても便利。しかし「安物買いの銭失い」とはよく言ったもので、安さで選んで失敗することは、多々あります。分かっちゃいるけど繰り返し、「安物買い地獄ループ」にはまっています。

Motif

18世紀に活躍したヨハン・ゼバスティアン・バッハ。バロック音楽の重要な作曲家・音楽家の一人。

Technique

- オブラートアート（→P011）
- 麺類の弁当（→P014）

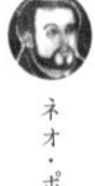

2018年12月7日(1時間30分)

偉大なダリ弁当

金曜日は「シャケ弁の日」と決めています。ところが、うっかり鮭を買い忘れてしまいました。冷凍庫を探したのですが、ステーキ肉しかない!! それで、しぶしぶ解凍し、ダリの似顔絵をオブラートアートにしてご飯に貼り、ステーキを焼いて切って並べました。時計はとろけるチーズをオブラートアートにして、電子レンジで少し加熱し、恐る恐るステーキの上にのせて、余熱で、さらにダラ～ンとさせました。

この弁当は、オットさんに大好評で「5本の指に入る!」と珍しく大絶賛。そりゃそうです。ステーキですから。そこまで言われましても、弁当の予算をはるかに超える高級ステーキ。そう頻繁に作るわけにはいきません!!(キッパリ!!)

Motif

スペインが生んだ画家サルバドール・ダリ。20世紀、シュルレアリスムを牽引した多才なアーティスト。

Technique

- オブラートアート(→P011)

2018年3月29日(1時間15分)

ザビエルに懺悔弁当

日本で一番有名な宣教師で、教科書でもおなじみのザビエルをモチーフに弁当を作りました。この弁当をアップすると「ザビエルって意外と短命……47歳没」と、47歳の男性からコメントをもらいました。しかし、サビエルが生まれた1500年代は平均寿命が30歳代といわれているので、当時の感覚では、ザビエルは決して短命ではなかったのです。アラ還(還暦に近い年齢のこと)の私は、世が世ならば「お前はすでに死んでいる」存在。愕然とします。

さて、弁当はチラシ寿司の上に海苔をのせ、はんぺんにオブラートアートでザビエルを描いています。初期の弁当で、作りが少々荒いです。どうかお許しください、ザビエルさん。

Motif

カトリック教会の宣教師フランシスコ・ザビエル。日本にキリスト教を伝えたことで特に有名。

Technique

● オブラートアート(→P011)

2020年3月18日(1時間30分)

佐々岡餅弁当

カープ愛を込めて、佐々岡真司監督を五平餅で作ってみました。純粋に私の愛だと受け止めてもらえれば幸いです。この弁当をアップしたら、「監督はたぶん優しいけぇ、許してくれるじゃろう」というコメントをもらい、私も改めて佐々岡監督の人柄の良さに甘えて、ついつい悪ふざけしちゃったな……と、気付きました。

さて、五平餅は米が貴重だった時代に、ハレの食べ物として祭りや祝いの場で神様に捧げられたものです。つまり、縁起の良い食べ物。それで、少しでもカープを盛り上げることができたらイイなと思って使いました。我らカープファンにとって試合観戦はまさにお祭りみたいなものですから。

Motif

広島東洋カープ監督佐々岡真司。現役時代は100勝100セーブやノーヒットノーランを達成するなど活躍。

Technique

● オブラートアート(→P011)

🕒2019年11月7日(1時間15分)

Buono!弁当

ちょいわるオヤジ代表で、男性ファッション誌のモデルとしても有名なパンツェッタ・ジローラモさん。何を着ても着こなし上手だし、立ち姿が綺麗でいくつになってもおしゃれ。見習ってもらおうと弁当を作りました(我々はまず、猫背を直そう……)。

ジロ弁当に入っているパスタはフェットチーネという平打麺で、緑色の麺はほうれん草が練りこまれています。いずれも濃厚な味付けのソースと相性が良いので、トマトを使った赤いミートソースを添えてイタリアンカラーに仕上げました。ジローラモさんの顔はスライスチーズにオブラートアート。今にも「Buono!」と言ってくれそうです。

Motif

イタリア生まれのタレントパンツェッタ・ジローラモ。男性ファッション誌のモデルなどで幅広く活躍中。

Technique

- オブラートアート(→P011)
- 麺類の弁当(→P014)

2020年3月31日(1時間30分)

長寿と繁栄を弁当

エンタープライズ号技術主任兼副長のミスター・スポックを、弁当にしてみました。生命線は長めで描いています。中身はターメリックご飯にドライカレー。洋服は「ととしーと」(P128)で、手はスライスチーズです。

さて、バルカン星人のこの「長寿と繁栄を」のハンドサインですが、私はできません。中指と薬指の間をあけようと思ったら、小指の間もあいてしまうのです。ちなみにオットさんはスキップができません。それでも、今では全然困りません。子どもの頃は結構気にしていましたが、大人になったらどうでも良いことって結構あります。「できない」ことに対するコンプレックスは、克服なんてしなくても時間が解決してくれることって意外と多い。私はそう思います。

Motif

『スタートレック』シリーズの登場人物ミスター・スポック。故レナード・ニモイが演じたキャラクター。

Technique

● オブラートアート(→P011)

🕒2021年2月25日（1時間30分）

マミラー弁当

熊谷真実さんをモチーフに、玄米バーガーを作りました。玄米バーガーは炊きたて玄米をすりこぎでつぶし、ラップに挟んで成形。ゴマ油を垂らしたフライパンで両面を焼き、青じそとニンジンのラペ、チキンのカリカリ焼きを挟みました。顔の部分はスライスチーズにオブラートアート。玄米バーガーの上にのせています。ヘルシーさを意識してちょっと頑張りました。

さて、以前、熊谷真実さんがインスタグラムにコメントをくださいました。もともとファンだっただけに、大感激！！ それ以来、さらにファンとして活動を続けています。ちなみに、マミラーというのは、熊谷真実さんのファンのことを指します。私はマミラー広島支部代表を自認しております。

Motif

女優でタレントの熊谷真実。NHK朝の連続テレビ小説「マー姉ちゃん」の主役に抜擢以来幅広く活躍中。

Technique

● オブラートアート（→P011）

2020年8月18日（1時間30分）

オオクボックスもじゃもじゃ弁当

広島FMで、10代を中心に若者に向けた番組『9ジラジ』を長年担当されている、オオクボックスこと大窪シゲキさんをモチーフに弁当を作ってみました。っていうか、遊ばせてもらいました。弁当を手作りしているにもかかわらず、カップ麺を使う逸脱感はつっこみどころですが、トレードマークのもじゃもじゃ感にこだわりがあります。

オオクボックスさんとはインスタグラムでつながり、私との約束を守って初トークライブに来てくださいました。その温かい人柄と思いやりに応え、私も約束通り弁当のお返しをしたのです。ニットキャップはポテトサラダ、数字はパプリカで作りました。純粋な10代のリスナーと毎日向き合っていらっしゃるからこそ、ちゃんと約束は守る方。できそうでできないことです。すっかりファンです。

Motif

広島FM『9ジラジ』で人気の広島のラジオDJ大窪シゲキ。愛称はオオクボックス。

Technique

- オブラートアート（→P011）
- ポテトサラダ（→P012）

2021年6月25日(1時間30分)

詰めが甘い弁当

広島テレビの『三四郎のDearボス』という番組で、三四郎のお二人が自宅に来てくださいました。急に決まったお話だったので、大慌てで掃除をしましたが、当日はギリギリでお出迎え。肝心の弁当はできていましたが、まったく掃除が行き届いていない部屋の中で撮影が始まって数分後、三四郎の小宮浩信さんが、私の本質をつくツッコミを入れてくれました。「詰めが甘い!」と。

番組収録では、どちらかといえばいじられ芸人のお二人に、輪をかけたように私がいじられる結果となりました。これは後で気づいたことなのですが、ウチに来られる前は、お片付け界のボスに学ぶ整理収納術の収録だったらしいのです。なんというタイミングの悪さ。いつもテレビに出演して思うことですが、こんなので良いのでしょうか?

Motif

東京都出身の小宮浩信と相田周二からなるお笑いコンビ三四郎。テレビやライブを中心に活動。

Technique

● オブラートアート(→P011)

重藤嘉代

KAYO SHIGEFUJI

しげふじ・かよ／「ウッドワン美術館」(廿日市市)学芸課長。美術品管理や展覧会の企画運営を行う。私立美術館ならではのニッチな企画を積極的に考案。

本質を掴んでユーモアをプラス
前衛弁当はまさに現代アート

日々のお弁当作りの参考に、インスタグラムで料理写真を探していた時に出合ったのが、ナンシーさんの前衛弁当でした。ナンシーさんのアートセンスや文章力に魅かれ、その時、個展をされていたギャラリーに足を運びました。私が勤務する美術館で、ナンシーさんの展覧会が叶ったのは2020年。企画展で展示した歌川広重の『六十余州名所図会』の内容に合わせたお弁当2点と、今まで作ったものを20数点パネルにして展示し、来館者からも大変好評をいただきました。

名画を題材にしたお弁当を作る場合、ナンシーさんは、その作品の本質を掴み、時にウィットやユーモアを混じえて表現します。そのユニークな視点によるお弁当は、彼女の知識と感性、そして表現力の上に成り立つ、まさに奇想の芸術。現代アートには「これを伝えたい」という作者の思いと、ほかにないインパクトがマストですが、そういった意味で、前衛弁当は現代アートなのだと思います。

今後、彼女がどんな新しいアートを見せてくれるのか、楽しみです。

第5展示室

シネマ印象派

過激で重たい愛の弁当
パルプ・フィクション弁当
記憶を呼び覚ます愛の嵐弁当
時計じかけのオレンジ色のシャケ弁
アメリ弁当
花様年華弁当
トレインスポッティング弁当
ドラゴンシャケび弁当
キューバの風弁当
世界の三船弁当
ジュラシック麺弁当
マーズ・アタック弁当
ファンシー弁当
シャイニング弁当
ヘドウィグ・アンド・アングリーインチ弁当
コンビニ天使の詩弁当
レオン弁当
ジョーカー弁当

2019年11月20日（1時間15分）

過激で重たい愛の弁当

ジャン＝ジャック・ベネックス監督の『ベティ・ブルー 愛と激情の日々』の美しいポスターを、弁当にしてみました。いつか弁当にしたい……と、ずっと思っていましたが、見ての通り、難易度が高かったため、なかなか実現しなかったのです。

ところが、続けてみるものです。自分でも試行錯誤するうち、どうにか作れるようになりました。お寿司の上に色分けしたご飯を敷き詰め、はんぺんとオブラートアートで仕上げています。出来上がった時は有頂天だったのですが、これは私の実力だけではないと思いました。私が作るのは、見た目が過激、重かろう、食べにくかろう弁当です。それを持ち前の鈍感力で受け止めてくれるオットさんの懐の深さ。そのおかげだと、改めて思うのでした。

Motif

ジャン＝ジャック・ベネックス監督のフランスで製作された恋愛映画『ベティ・ブルー 愛と激情の日々』。

Technique

- オブラートアート（→P011）

🕒2020年12月2日（1時間15分）

パルプ・フィクション弁当

クエンティン・タランティーノ監督の不朽の名作『パルプ・フィクション』をモチーフにしました。ちょっと前の映画だと思っていましたが、公開は1994年。よく考えたら、四半世紀前の映画です。本当に驚きました。この場面はユマ・サーマン演じるミアが、オーバードーズで鼻血を出すシーンですが、内容はともかくどこか宗教画を思わせる恍惚とした顔が印象的でした。

さて弁当は、スーパーマーケットで半額になっていた小さなソーセージを一袋丸ごと入れて、ケチャップライスを作りました。それでハードボイルド感を出しています（笑）。ミアの顔ははんぺんにオブラートアート。血糊の偽物感をケチャップで演出し世界観に迫りました。

Motif

今でもカルト的人気を誇るクエンティン・タランティーノ監督不朽の名作『パルプ・フィクション』。

Technique

● オブラートアート（→P011）

2019年10月1日(1時間15分)

記憶を呼び覚ます愛の嵐弁当

リリアーナ・カヴァーニ監督の『愛の嵐』を「偽のうな重」で表現してみました。主人公のデモーニッシュな魅力にはまり、ドキドキしながら20代の時観た映画です。

この弁当は白いご飯の下に、かまぼこで作った「偽のウナギの蒲焼」がのっています。最近「偽のウナギの蒲焼」は、かなりおいしくはなってきました。ですが、本物の天然ウナギの味にはまだまだ及びません。

そう、私は過去に食べた「天然ウナギの味」を忘れることができないのです。子ども時代に、父が天然ウナギを捕まえてきました。手際よくさばいている姿と血の匂い、その記憶とともにあの味は今でも蘇ってきます。過去の忘れがたい記憶というのは五感を揺さぶります。そういう意味では私にとって『愛の嵐』も、ウナギも実に強烈でした。

Motif

リリアーナ・カヴァーニが倒錯した愛とエロスを描いた1974年に公開されたイタリア映画『愛の嵐』。

Technique

● オブラートアート(→P011)

●2019年1月25日(1時間15分))

時計じかけのオレンジ色のシャケ弁

スタンリー・キューブリックの『時計じかけのオレンジ』をモチーフにしました。出来上がった弁当は、そんなに複雑そうに見えませんが、アイデアが浮かばず結構苦労しました。食材で少し立体感を出すことで、なんとかそれっぽくなったように思います。

さて、ちょっと前にオットさんが誕生日プレゼントに帽子を買ってきてくれました。主人公アレックスがかぶっていたような帽子です。それで久しぶりにこの映画を観ようかな……と思ったのですが、なんだか観る気になれません。若い頃には何の躊躇もなく、むしろ刺激を求めて観た映画ですが、この年齢になると「もう結構」なんです。そんな映画が私にはいくつかありますが、皆さまはいかがですか？

Motif

アンソニー・バージェスの原作をスタンリー・キューブリックが監督した映画『時計じかけのオレンジ』。非行少年による暴力が横行する近未来を舞台に、人間が心の奥底に封じ込めている暴力衝動を、エンターテインメントとして昇華させた映画。

Technique

● オブラートアート(→P011)

2020年12月9日(1時間15分)

アメリ弁当

『アメリ』は、2001年に公開されたフランス映画。パリを舞台にパリジャンの日常を描き、ヒットしました。ジャン＝ピエール・ジュネ監督らしい不思議な世界観、奇妙な登場人物と、関係性が素敵でした。これは何かで読んだ話なのですが、『アメリ』を配給した会社は、当時B級ゲテモノ映画を配給していた会社で、ホラーだと思い込んで買い付けしたのだとか……。それを知った他の映画配給会社は、試写もせずに一斉に手を引いたらしいのです。

弁当はほうれん草のフェットチーネにパセリ。スライスチーズにオブラートアートで顔を描き、パプリカで洋服を演出。アメリの文字はパスタで作りました。ミートソースの入ったスープジャーも、つけています。

Motif

ジャン＝ピエール・ジュネ監督が独特な世界観でパリジャンの日常を描いたフランス映画『アメリ』。

Technique

● オブラートアート (→P011)

🕒2020年9月15日（1時間15分）

花様年華弁当

花様年華とは「人生で最も美しい瞬間」という意味。映画『花様年華』は、ウォン・カーウァイ監督、クリストファー・ドイルの撮影で、衣装から置いてある小物に至るまで、とっても素敵な作品です。この映画を思い出すと、香港の蒸し暑さが一瞬にして蘇ります。なんとなくですが、ナポリタンが似合うような気がしたので、スパゲティを少しかために茹でて、ケチャップをたっぷり入れて作りました。

オットさんを送り出した後、ふと思い立って、一着だけ持っている旗袍（チャイナドレス）をクローゼットから出して着てみようとしたのですが、ファスナーが1mmも上がらず、このだらしない体を受け入れてくれないのです。改めて女性偏差値の低さを思い知らされ、愕然としました。

Motif

ウォン・カーウァイ監督のロマンス映画『花様年華』。1960年代の香港を舞台に、切ない恋を描く。

Technique

- オブラートアート（→P011）
- 麺類の弁当（→P014）

🕒2020年7月10日(1時間15分)

トレインスポッティング弁当

1996年製作のイギリス映画『トレインスポッティング』の主人公を描いてみました。今でもこの写真を見ると、イギー・ポップの『Lust For Life』が頭の中に流れます。鮭の色がポスターのオレンジ色と似ているような気がしないでもない。そう思って作ってみました。

この映画を観ていた頃は、こんなどうしようもない青春に憧れがありましたが、そんな気持ちとは裏腹に、私はかなりまっとうに生きてきたように思います。ちょっと前に20年後を描いた続編が作られました。相変わらずのダメっぷりと閉塞感。そして容赦なく過ぎ去った時間の残酷さが加わり、重みを増して迫ってくるようでした。並走感と言うのでしょうか…同世代だから感じるものかもしれませんね。

Motif

ダニー・ボイル監督の『トレインスポッティング』。薬物中毒の若者を描き世界的にヒットしたイギリス映画。

Technique

● オブラートアート (→P011)

2020年7月17日(1時間30分)

ドラゴンシャケび弁当

『燃えよドラゴン』のブルース・リーをモチーフにしました。同作を知る世代の男子なら、いきなり「アチョ〜」と言ったら、即座にブルース・リーのポーズをとってくれるのではないでしょうか？

それまでの男性のヒーローは、ウルトラマンや仮面ライダーで、戦う前に「変身」が必要でした。しかし、ブルース・リーは、変身することもなければ、特別な武器といえばヌンチャクくらいで、とにかく生身。さらに、戦う時には甲高い「アチョ〜」という声を発します。ちょっと間違えたらお笑いになるところですが、ギリギリで踏みとどまっているのが素晴らしいのです。そう、「アチョ〜」は“いい大人”を“小学生のバカ男子”にしてくれる呪文です。

Motif

ブルース・リー主演のカンフー映画『燃えよドラゴン』。公開後、カンフーが世界的ブームとなる。

Technique

● オブラートアート（→P011）

2020年10月15日(1時間30分)

キューバの風弁当

先日買った料理本で紹介してあった「エビとバナナの揚げ炒め」というキューバ風の料理を、作ってみることにしました。まったく味の想像がつかないし、作ったとしても正解を知らないので、これでよかったのかどうかは分かりません。ですが、なんとかご飯に合うおかずとなりました。

ご飯にオブラートアートで『ブエナ・ビスタ・ソシアル・クラブ』の絵を貼り付けると、赤い弁当箱の中に異国の風を感じました(妄想です)。その後、再びキューバの風を感じようと、早速サントラのCD を探しました。一つ一つ丁寧に背の部分を確かめて、やっと見つけましたが、ケースを開くとそこにはCDが入っていません。少し湿度を帯びた冷たい風が吹き抜けていきました。

Motif

ヴィム・ヴェンダースが監督した音楽ドキュメンタリー映画『ブエナ・ビスタ・ソシアル・クラブ』。キューバ音楽に魅せられたライ・クーダー(アメリカのギタリスト)とキューバの老ミュージシャン達との演奏を中心に、彼らの来歴、キューバの日常を描いている。

Technique

- オブラートアート(→P011)

◔2020年6月3日（1時間15分）

世界の三船弁当

先日、映画『用心棒』を観ました。グッと地に食い込む感じと踏ん張り。華麗な体重移動と緊張感。迫力のある殺陣に惚れ惚れしました。今の殺陣はワイヤーでつながれてクルクル回ってみたり、飛んでみたり、スピード感がありますけれど雑技団じゃないのだから……って思ってしまいます…と、偉そうに斜め上からバッサリ発言です。

そんな映画『用心棒』の三船敏郎さんを描いたつもりが、どこかの剣豪のおじさんになってしまいました。風情だけは出ていると思うのですが……まだまだ修業が足りません。

昔の俳優さんは顔が大きくなければダメ！といわれたらしいです。カツラを被ると頭が小さく見えるので、存在感が薄れるそう。なるほど、世界の三船は顔の大きさもさることながら、さすがの存在感です。

Motif

俳優、映画監督、映画プロデューサーの三船敏郎。戦後の日本映画を代表する俳優の一人で、『七人の侍』『隠し砦の三悪人』、そして『用心棒』へとつながる時代劇の迫力ある殺陣は、三船敏郎の代名詞であり、世界中のファンを魅了した。

Technique

● オブラートアート （→P011）

2019年8月20日(1時間15分)

ジュラシック麺弁当

イースターの料理特集を見て、恐竜の卵っぽいものを作ったので、ジュラシック麺弁当を作ってみました。

さて、盆、正月で大量に余ってしまう食材の双璧としてあげられる素麺(ちなみにもう一つは餅です)。素麺は、下手したら1年以上手付かずのこともあります。そんな一年越し素麺の箱を開けて、なんとか消費することにしました。

普通に茹でて出汁で食べる、トッピングを変える、それでもなかなか減りません。そこで一旦茹でて、揚げて、皿うどん風にしてみました。上にかける餡はスパイスカレー。そうなんです! 素麺ルーティーンの中で、このちょっとした味と風味の変化。それこそがもっとも大事なポイント。いかにバリエーションがあるかで消費スピードが変わってきます。

Motif

スティーヴン・スピルバーグ監督のアメリカのSFアクション映画『ジュラシック・パーク』。オープン直前のテーマパークを舞台に、クローン技術により現代に甦った恐竜と人間の死闘を描いたSFX大作。当時は最先端のCGやアニマトロニクスの技術を駆使し作られている。

Technique

●オブラートアート(→P011)

🕒2020年5月19日（1時間30分）

マーズ・アタック弁当

ティム・バートン監督の映画『マーズ・アタック！』のサイコパス宇宙人をモチーフに、辛〜いナシゴレンを作ってみました。ナシゴレンはインドネシアの料理。家にある調味料で、バリ島で食べた味を適当な配合で作ってしまったから、レシピは一切紹介できません。ちなみに火星人のシールドは寒天で作っています。

さて、我々のハネムーンはバリ島でした。思い起こせばその一週間。おバカな二人の珍道中はなかなか大変で、そこから続くドタバタを予感させる旅でもありました。そう、私とオットさんの未知との遭遇から30年近く、なんとか歩み寄り、小競り合いはありつつもどうにかやってきました。大事なのは共存共栄。人類平和の基本です。

Motif

ティム・バートン監督のSFコメディ映画『マーズ・アタック！』。火星人来襲に翻弄される人々の狂騒を描く。

Technique

● オブラートアート（→P011）

2020年10月1日（1時間15分）

ファンシー弁当

私は永瀬正敏さんの大ファンです。永瀬さんの主演映画『ファンシー』が、新型コロナウィルス感染拡大の影響を受けて上映が延期されたのを知り、上映してほしいという祈りをこめて、出演者の顔を勝手に弁当にしてインスタグラムに投稿しました。するとなんと！ 廣田正興監督からメッセージが来ました。SNSをそれほどすごいとは思っていなかった私ですが、改めてインスタグラムの凄さを感じました。

しかし、それだけで終わらないのが私。それをきっかけに監督とお会いしたり、弁当パネル展をすることになったりと色々ありました。この時ばかりは諦めが悪くしつこい性格が功を奏したわけです。

Motif

廣田正興監督の映画『ファンシー』。山本直樹の短編漫画を映画化した異色のラブロマンス映画。

Technique

●オブラートアート（→P011）

◐2018年7月27日(1時間15分)

シャイニング弁当

スタンリー・キューブリック監督の『シャイニング』のジャック・ニコルソンで、シャケ弁を作ってみました。味は二の次と思われがちな私の弁当ですが、塩鮭とご飯の相性が悪いわけがありません。

さて、味の保証ができたところで、映画を観た方なら分かると思いますが、夫婦と言えども斧を持って追いかけてきたら、全力で逃げなければなりません。ですが、ドアの間からこの顔が見えた時点で私は気を失ってしまうでしょう。それくらい怖い映画です。

ツインズバージョン

Motif

スティーヴン・キング原作、スタンリー・キューブリック監督作品のホラー映画『シャイニング』。

Technique

● オブラートアート (→P011)

2019年9月24日(1時間30分)

ヘドウィグ・アンド・アングリーインチ弁当

アメリカで人気を博したミュージカルをベースに、主人公ヘドウィグを演じるジョン・キャメロン・ミッチェルが自ら監督・主演した映画『ヘドウィグ・アンド・アングリーインチ』。映画版・ミュージカル版ともに華やかで独特な世界観です。カルト的な人気は今も続いています。日本でもミュージカルになり中性的な魅力の俳優陣が話題を呼びました。もちろん私も大好きな映画なので、弁当の製作過程をスライドショーにしてインスタグラムに投稿。するとコメントでジョン・キャメロン・ミッチェルさんがリポストしてくださったことを知りました。

当たり前のことなのですが、その時まで、SNSが世界に発信できるツールだと知りませんでした。凄いことってある日突然起こるのですね。

Motif

ミュージカルを映画化『ヘドウィグ・アンド・アングリーインチ』。現在も舞台でカルトな人気。

Technique

- オブラートアート(→P011)

2019年6月11日(1時間15分)

コンビニ天使の詩弁当

コンビニエンスストアで笹かまぼこを見ていたら、天使の羽根に見えました。あたかもヴィム・ヴェンダース監督が、ドイツの街のあちらこちらに天使の意匠を発見し『ベルリン・天使の詩』が生まれたように、一人の主婦がお腹を空かせて入ったコンビニで、笹かまぼこの中に天使の羽根を発見し、この弁当を作ったのです。スケールの差はあるものの、何か生まれる瞬間の閃きって、どこにでも転がっています。それが見えるか見えないかは、皆さん次第。

さて、弁当の中身はカレーチャーハンです。起き抜けのボケた頭でスパイスを調合していたら、ゲンコツ級の辛さになりました。味見しただけでパッと目が覚めましたから、食べたオットさんは、さらに目が覚めたことでしょう。

Motif

ヴィム・ヴェンダース監督作品『ベルリン・天使の詩』。ベルリンを舞台に人間の女性に恋した天使のお話。ヴェンダース監督が10年ぶりに故国に戻って撮った傑作。日本では単館公開記録を塗り替え、ミニシアターブームが巻き起こったきっかけになった映画。

Technique

● オブラートアート(→P011)

2019年1月25日(1時間30分)

レオン弁当

リュック・ベッソン監督の『レオン』を描いてみました。プチプチした黒米入りご飯の上にひじきの炒り煮をのせています。昔は、ひじきなんてあまり好んで食べる食材ではなかったのですが、最近は甘辛く煮たひじきが大好きなオットさん。間違いなく年齢でしょう。さらに、その上にはオブラートアートをしたポテトサラダで、レオンの横顔を作りました。

おかず弁当も作ったので、朝の台所はてんてこ舞い。慌ただしくオットさんを送り出した後、ほっとしてコーヒーを飲んでいたら、記憶にない傷が目に入りました。そう、切り傷、擦り傷、そして、青あざ。気がつかないうちに自分の体に刻まれています。痛かったはずなのに気付かない。緊張感もなくボーっと生きているんだと思います。

Motif

リュック・ベッソン監督のアクション映画『レオン』。ジャン・レノ、ナタリー・ポートマンが共演。

Technique

- オブラートアート(→P011)

●2019年9月9日(1時間30分)

ジョーカー弁当

「Happy Halloween！」というのも虚しい50代の夫婦二人暮らしなのですが、世の流れに便乗してハロウィンをテーマにお弁当を作ってみました。封切りと同時に話題になった『ジョーカー』をモチーフに、2種のご飯とオブラートアートと、「ととしーと」(P128)で表現しています。「ととしーと」というのは、蒲鉾の生地を薄く伸ばした色つきのシートで、今ではキャラ弁の材料として欠かすことができません。私も各色冷凍庫で常備しています。そう、いつの間にかキャラ弁、デコ弁のテクニックが身についてしまい、なぜこれを子どもが喜んでくれるうちに作らなかったのか悔やまれてなりません。

ちなみにこの弁当は「ととしーと ハロウィン コンテスト 2019」で銀賞をいただきました。

Motif

ホアキン・フェニックス主演映画『ジョーカー』『バットマン』の悪役・ジョーカーの誕生秘話。

生地蒲鉾
「ととしーと」公式
HP→

Technique

●オブラートアート(→P011)

あづまっくす

AZMAX

あづまっくす／会社員として勤務する一方、アートプラクティショナーとして美術館ボランティアや画廊巡りのガイドツアーを行う。芸術に造詣が深い。

時代を切り取る現代版の瓦版
どう食べてもおいしい前衛弁当

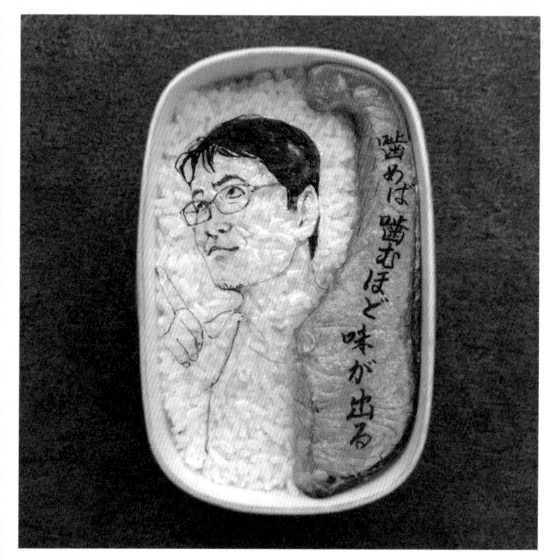

ナンシーさんとは、アプリ『club house』で「自分の好きなアートについて語ろう」というテーマで開かれた会で出合いました。トークを聴いて、彼女の持つ引き出しの多さや、表現力の豊かさにとても驚かされました。

ナンシーさんが作る名画シリーズのお弁当には、くすっと笑えるユーモアが散りばめられています。例えばミレーの『落穂拾い』に「ギックリ腰注意」という言葉を添えていたり、ムンクの「叫び」をシャケ弁当で表現して「ムンクのシャケび」なんて入れてみたり。弁当というまったく違う角度から、興味がなかった人も名画に関心を持ったり、作品の背景に思いを巡らせるきっかけになると思います。

芸術って時代が反映されているものですが、ナンシーさんが作る前衛弁当にも、社会現象や現代の空気を切り取った瓦版のような面を感じます。もちろん食事としておいしく食べられるように作っているので、家族や食材への愛情もたっぷり。

いろんな方向から楽しめる、何度もおいしいお弁当かもしれません。

第6展示室

超写実主義

枯山水弁当

滝流し素麺弁当

金印弁当

木に埋もれた仏像

絵に描いた肉弁当

お魚くわえたドラ猫弁当

ファイト一発唐揚げ弁当

凡才の盆栽弁当

苔玉おにぎり弁当

人類の退化とマンモス肉弁当

ほぼカニ弁当

ケロリン弁当

真実の口弁当

蟻地獄弁当

2018年6月26日(1時間30分)

枯山水弁当

枯山水の下にはご飯と鶏肉のそぼろ、炒り卵、ほうれん草が隠れています。その上に黒のすりゴマを混ぜたポテトサラダを敷き詰め、フォークで筋を入れました。石に見立てた部分は、ハンバーグ生地を手でグニュっと握って成形したものを揚げています。

この弁当は『Kyoto Journal』という雑誌に掲載されました。初めての雑誌掲載だったので嬉しくなって、この雑誌を何冊も買いました。ところが、今見てみると、弁当の出来栄えはイマイチで、雑。雑誌に掲載されると分かっていたら、もっと丁寧に作っていたのに……と、ずっと思っていたのです。しかし、ある時、依頼を受けて再び作ることになりました。頑張って丁寧に作りました……作ったのですけど、それほど代わり映えはしませんでした。

Motif

枯山水は水のない庭のことで、水を用いずに石や砂などにより山水の風景を表現する庭園様式。

Technique

ポテトサラダ(→P012)

🕒2020年4月16日(1時間)

滝流し素麺弁当

素麺を滝に見立てて、弁当を作ってみました。そう思って見ていただければ、見えないこともないと思います。

崖はハンバーグで、青空は、ととしーと。この「ととしーと」(P128)というものは、SNSで仲良くなった友人が送ってくれました。SNSでは弁当作りのノウハウを仲間内でシェアしていて、良い付き合いをさせてもらっています。

さて、弁当で麺をメインにする場合、伸びたり、くっついて団子になったりするので躊躇する方もいらっしゃると思います。ですから、私なりの工夫をちょっとだけ紹介しています(P014「基本の作り方　麺類の弁当」)。

Motif

滝にはマイナスイオンの効果があるとされ、大自然の中のパワースポットとして今注目されている。

Technique

麺類の弁当(→P014)

2020年9月15日(2時間)

金印弁当

ドライカレー、炒り卵、ターメリックを混ぜたポテトサラダの三層重ねで、金印を表現してみました。スパイスいっぱい、ターメリックもいっぱいで、全部黄色。なんだか金運が上がりそうな弁当です。

さて、金印は最も印象深い国宝です。文字は「かんのわのなのこくおう」と読み、福岡県の田んぼから出てきたと、教科書に書かれていたことを思い出します。歴史については、時代が新しくなればなるほど記憶は曖昧になり、ついには「習ったかなぁ」と、お決まりの言葉が口から出ます。

歴史の学習は、近代から古代への順が私には良いのかも。私の歴史観は、弥生時代で止まっているので。

Motif

通称「金印」は正式には『漢委奴国王印』と言う。江戸時代日本で出土した純金製の王印。読みは印文「漢委奴國王」の解釈によるが他の説もある。1954年3月20日に文化財保護法に基づく国宝に指定された。

Technique

ポテトサラダ(→P012)

2020年5月14日(1時間30分)

木に埋もれた仏像

罰当たり弁当シリーズです。アユタヤ遺跡「ワット・マハタート」の木に埋もれた仏像を、ポテトサラダと、うどんで表現してみました。戦いによって切り落とされ、地面に落ちた仏像。長い年月をかけて菩提樹の中に埋めこまれたそのお姿は、崇高でとてもインパクトがあります。

食材は讃岐生タイプと、乾麺タイプの太さの違う二種のうどんを用意しました。当然、茹で時間が違いますから、時間差で湯に投入したのですが、生うどんはそれほど膨張せず、逆に乾麺は意外に膨らんで最終的には同じ太さになってしまいました。痛恨のミス。苦労が必ずしも報われるとは限らない現実を、仏様に教えていただきました。

Motif

タイの世界遺産「古都アユタヤ」の人気のスポット「ワット・マハタート」。木の根で覆われた"奇跡の仏頭"として知られる寺院です。戦争で破壊されながらも、優しい微笑をたたえる仏頭は、静かで力強く、どこか神秘的。

Technique

ポテトサラダ(→P012)
麺類の弁当(→P014)

2020年7月2日（1時間30分）

絵に描いた肉弁当

常に我が家の家計は、緊急事態。霜降りステーキなんて夢のまた夢。そんな貧乏オーラを断ち切るために、絵に描いた肉を弁当にしました。ケチャップライスの上にのっているのは生肉を描いた卵の白身焼き。その上にオブラートアートで霜降り肉を表現しました。同じタンパク質でフェイク肉といえなくもないのですが、味は卵の白身です。

さて、フェイク肉（代替肉）の需要は高まっていると聞きます。見た目、食感、風味までもそっくりな「最高のもどき肉」の開発を目指し、世界中の企業がしのぎを削っているそうです。ですから、アプローチは間違っていなかったと思うのですが、今のところどこからも連絡がありません。

Motif

牛肉の赤身肉の中に脂肪が散らばっているものを「霜降り」という。調理した時、細かい脂肪が一つ一つ溶けて、旨みと柔らかさを与える。霜降り肉は飼育しにくく、数に限りがあるため「高級・美しい・おいしい」というイメージがある。

Technique

オブラートアート（→P011）

2020年6月30日（1時間15分）

お魚くわえたドラ猫弁当

イワシの焼いたものを丸ごと入れてみました。かなり香ばしい香りがしますから、「猫まっしぐら」だと思います。

ドラ猫ちゃんは、チーズにオブラートアート。普段はスライスチーズを使うのですが、間違えてとろけるチーズを使ってしまいました。目の良い人は、すぐに区別がつくのでしょうが、老眼の私は、パッケージに大きく書かれた「とろける」の文字が見えなかったのです。その後、ご飯の余熱でダルダルになり、ご飯のデコボコに密着しました。そこではじめて気付いた私です。慌てて爪楊枝で修正すること5分。自分にとってはかなりのハプニングです。弁当作りは一発勝負。事件は、毎日台所で起きています。

Motif

「お魚くわえたドラ猫 追っかけて〜」とは日本の国民的テレビアニメ『サザエさん』のオープニングのテーマ曲。『サザエさん』は長谷川町子の漫画が原作で、三世代が一緒に暮らす磯野家を舞台に、いつも明るくほのぼのとした日常が展開されていく。

Technique

オブラートアート（→P011）

2020年6月18日(1時間15分)

ファイト一発唐揚げ弁当

誤解されないために、「サイド弁当あり」とSNSのコメントに書きましたら、安心した……と、返信をもらいました。ちゃんと野菜をサイドに持たせることもあります。

さて、ウチの唐揚げは「唐揚げの聖地」大分県出身の友人が友人に教えてもらった「またぎきレシピ」です。唐揚げにはさまざまな作り方があると思いますが、ポイントだけ書くと、「醤油、酒、にんにく、生姜、塩こしょうを混ぜたつけ汁に鶏肉をつける」「水気を切って衣をつけて揚げる」「新しい油を使い、二度揚げ必須」の三つです。最後に、キッチンペーパーで余分な油をふきとり出来上がり。ちなみに「ファイト！一発！」は、我々、昭和世代を鼓舞させるワードです。

Motif

「ファイト！一発!」は大正製薬が販売する栄養ドリンク剤「リポビタンD」のCMのキャッチコピー。1962年の発売から最近まで、数々のマッチョタレントが出演し、危機一髪の場面で難局を乗り越えるという内容。

Technique

オブラートアート(→P011)

2020年10月26日（1時間30分）

凡才の盆栽弁当

あっさりとした茶蕎麦を弁当にしました。茶蕎麦の上にあるのは盆栽。木はポテトサラダで、葉はブロッコリー。土と苔は肉のそぼろとパセリで作っています。鉢は……なんだったでしょうか（忘れてしまいました）。それから、少し華やかさを足すため、干しエビをプラスしてみました。

前日にこの弁当を作ろうと決心して、準備はいらないなと判断してさっさと寝ました。ですから、朝の私は大変。未来の自分に期待して先送りをする……私の悪いクセが出ました。そう、私のような凡才は、同じような失敗を繰り返します。また、盆栽の成長がほとんど分からないのと同じように、私の進歩もまったく目に見えません。

Motif

盆栽とは、木や草、苔などを鉢に植えて、枝ぶり、葉姿、幹の肌、根および鉢、もしくはその姿全体を鑑賞する趣味。自然の風景を模して造形するのが特徴である。海外では日本語の発音のまま「BONSAI」と言われ、日本のみならず、注目を集めている。

Technique

ポテトサラダ（→P012）
麺類の弁当（→P014）

2020年4月6日(50分)

苔玉おにぎり弁当

苔玉が欲しくてインターネットで写真を見ていたら、これで弁当が作れるなと、閃きました。おにぎりの中には肉団子が入っていて、周りにはクリームチーズが塗ってあります。その周りを包むご飯は、黒米を少し混ぜて炊いたご飯で、表面には青海苔と黒すりゴマを混ぜたものをまぶしています。仕上げに箸で少し穴をあけて、アイスプラントを植えました。

この弁当を作るためにさらにインターネットで苔玉の写真をいっぱい見ました。欲しいものがあったのですが、見過ぎたためでしょうか……この弁当を作った後に完全に興味をなくしてしまいました。

Motif

苔玉とは、植物の根を土で包み、その周りを苔で固定した苔の固まりの容器のことを言う。元々は、「根洗い」という盆栽の手法を応用したものだが、容器を必要とせず、盆栽よりも気軽に育てられるため人気がある。草玉ともいう。

🕒2020年1月15日（1時間30分）

人類の退化とマンモス肉弁当

毎日ニュースを見ていると、人類は進化しているのか退化しているのか分からなくなります。いつか猿よりもアホな人間に、核のボタンを押されたら人類はおさらば……。こんな危険な世界を、本気で変えようと考えないうちは進化しているとはいえないと思います。柄にもなくそんなことを考えて、ほんの少し風刺風味を加えた弁当です。

ご飯はゴマ油とターメリック、ゴマとケシの実、そして塩少々混ぜています。マンモス肉の本体はハンバーグで、骨の部分はヤーコンを削って作りました。朝の忙しい時、やるべきではなかった……と思いながら、大慌てで削りました。下に敷いているのは茹でたプチヴェールです。

Motif

マンモスは、旧石器時代に生息していた絶滅したゾウの一種。原始人たちの日常を描いたギャグ漫画『はじめ人間ギャートルズ』シリーズに登場し、その中で調理した肉はマンガ肉とも呼ばれる。その後アニメやマンガの中では調理済みの肉を象徴する一種のアイコンにもなっている。

Technique

オブラートアート（→P011）

2019年3月11日（1時間30分）

ほぼカニ弁当

出汁と、少しの塩で炊いたご飯に錦糸卵を散らし、カニかまぼこを並べて、カニの甲羅をドン！ と置いてみました。当初は、具材全部のせにしようと考えていたのですが、甲羅のインパクトが強すぎて、最低限の装飾にしました。

それにしても、カニの高級感と特別感は格別です。カニテイストがちょっと入るだけで「何かお祝い事？」みたいな印象を与えるから不思議です。実際に何もない平凡な1日でしたが、オットさんも弁当を食べる時に「何かあったかな？」と、考えたそうです。ちなみにカニの甲羅は冷凍食品のカニグラタンの甲羅だけ使っています。よく考えたら、本物のカニの身はどこにも入っていません。

Motif

カネテツが販売する、本物のような味・食感・見た目を練り物で再現した「ほぼシリーズ」のカニバージョン。

カネテツ
デリカフーズ
「ほぼカニ」→

2019年1月9日(1時間)

ケロリン弁当

夫婦二人暮らしだと、微妙にご飯が余ってしまいます。それをラップで包んで、冷凍庫で保存しているのですが、結構たまってきたのでオムライスを作ってみました。

寒くなってきて、食中毒の心配もないかな……と思い、ゆるめの半熟卵を作って、文字はオブラートアート。それはそれでおいしかったそうなのですが、弁当の蓋を開けると文字がにじんでしまい、読めなかったそうです。

弁当は作りたてと、食べる時の状態は違います。しかし、それを失敗として捉えるのではなく、夫婦の貴重な会話として生かすのも大切なこと。さらに、その失敗をケロリンと忘れることも大事なんです。

Motif

日本全国の銭湯や公衆浴場で使用されている黄色いプラスチック製の湯桶「ケロリン桶」。内外薬品株式会社（現・富山めぐみ製薬）の鎮痛薬ケロリンの広告媒体として製造が開始され、全国に広まり湯桶の定番となる。習慣の違いから、関西版の方が関東版より軽くて小さい。

Technique

中 オブラートアート（→P011）

🕒2019年5月29日(1時間30分)

真実の口弁当

映画『ローマの休日』にも登場した「真実の口」を作ってみました。中身はご飯、水菜、牛肉のそぼろを重ね、真実の口をのせています。真実の口はジャガイモを裏ごしし、マヨネーズを混ぜて適度な硬さにしたポテトサラダです。それを爪楊枝とスプーンを使って成形しているのです。今まで仕事ではさまざまな物を作ってきましたが、そのノウハウが弁当で役立つとは、思ってもみなかったです。

さて、この真実の口。偽りの心がある者が手を入れると手を噛み切られるとか、手が抜けなくなるとかいわれていますが、私が作った物は小指くらい入ります。試してみたでしょうか……オットさん。

Motif

ローマのサンタ・マリア・イン・コスメディン教会に飾られている石の彫刻。顔は海神オーケアノスで、手を口に入れると、偽りの心がある者は、手を抜く時にその手首を切り落とされる、手を噛み切られる、あるいは手が抜けなくなるという伝説がある。

Technique

- ポテトサラダ(→P012)

2019年6月17日(15分)

蟻地獄弁当

ご飯をスプーンで凹ませただけですが、ウスバカゲロウの幼虫が潜む「蟻地獄の罠」を作ってみました。子どもの頃、地面を見つめていると、よくアリジゴクの罠に遭遇しました。私の息子も私とまったく同じように、小さな生物に興味深々。よく持って帰っては、私を驚かせました。しかし、アリジゴクだけは持って帰れませんでした。円錐形の先から姿を現した幼虫は獰猛そうで、怖い。その姿にショックを受け、息子は触らなくなりました。

話は弁当に戻りますが、これはぱっと見では何が何だか分からない究極の地味弁です。誰もが作ることができるけれども、誰も作る気にならないと思います。

Motif

アリジゴクとはウスバカゲロウ類の幼虫が地面に掘ったスリ鉢状の巣穴、またはその幼虫の総称。縁の下などで普通に見られる。ウスバカゲロウ類の幼虫は体長約1センチ。鎌状の大あごをもち、乾燥した土を掘って巣を作り、底にひそんで落ちたアリなどを捕らえる。

松浦史音

SHION MATSUURA

まつうら・しおん／ナンシーさん長男。現在社会人5年目、東京で会社員として勤務する。「くいしん坊！万才」のロケ時には一時帰省し家族仲良く出演。

母の弁当からもらう笑顔と元気
これからも応援していきたい

高校生だった頃、ソフトテニス部で頑張る僕に、母は必ず弁当を持たせてくれました。量も栄養バランスも考えられていて、成長期だった僕の体を気遣ってくれていたんだろうなと、感謝しています。

印象的だった弁当は、『くいしん坊！万才』というテレビ番組で「輝け！映え大賞」を受賞した、松岡修造さんがモチーフの「人生に勝つ！サンド」。また、大学進学を機に上京しましたが、帰省した際にも帰りによく弁当を作ってくれました。帰省時に二日酔いで帰ったとき、東京に帰る際の弁当は、ただのサンドイッチだったので、あれ、普通の弁当だなと思って食べていると、サンドイッチの下から『ゴルゴ13』の絵と「飲んでも飲まれるな」という文字が出てきて笑ってしまいました。

思い立ったら即行動、そして最後までやり切ろうとするところは、自分の母親ながらすごいなと思っています。僕が家を離れた後も、夢中になれることを見つけて頑張っている姿に、元気をもらっています。これからも人生を楽しんでほしいです。

第７展示室

怖い絵弁

能面弁当

絶叫弁当

マンドラゴラ弁当

肉巻き鬼義理弁当

キンパdeこけし弁当

心霊写真弁当

メドューサ菜めし弁当

IT弁当

2019年2月14日(2時間30分))

能面弁当

いつか作りたいと思っていた能面を、立体的に作ってみました。ベースになっているのはポテトサラダで、髪と眉、目と口はオブラートアートで、後から貼っています。

実は、この弁当を作った日はバレンタインデー。メインではなく、サブの弁当としてさりげなく手渡しました。何も知らないオットさんは、この弁当を開けた時、驚いて蓋を持ったまま椅子から立ち上がったそうです。パンチの効いたサプライズになりました。今までずいぶん不思議な弁当を食べ続けてきたオットさんですが、かなり衝撃だったと、今でも言います。

ちなみにこの日、実食中継がありました。目が合うと怖いので、まずは両目から食べていましたっけ。

Motif

能を演ずる際に主人公が着ける面を能面と言う。特に女性の面は微妙に表情が変わるため、技量が問われる。

Technique

- オブラートアート(→P011)
- ポテトサラダ(→P012)

2020年2月19日(1時間30分)

絶叫弁当

一束のイカスミパスタが残っていたので、全てを使いました。それから、チーズトーストの絶叫少女に、低温調理したタコのトマト煮をからめてみました！(タコのトマトソースはスープジャーに入っています)

一目見ただけでお分かりだと思いますが、絶叫少女は、楳図かずお先生の絵をモチーフにしています。会社員時代に、週刊漫画を社内で回し読みしていました。みんなが怖がるからと、楳図先生の漫画の部分だけホッチキス止めしていました。それくらい漫画はダメだった私ですが、オットさんの弁当には使ってしまいました。

最近、「怖い絵弁当」にパンチが足りなかったせいか、「俺にとっては普通の弁当」と豪語していたオットさん。これで前衛弁当の奥深さを実感したと思います。

Motif

ホラー漫画家の第一人者として知られる楳図かずお先生が描く美少女。恐怖に歪む表情も魅力の一つ。

Technique

- オブラートアート(→P011)
- 麺類の弁当(→P014)

2020年6月16日（1時間30分）

マンドラゴラ弁当

『マンドラゴラ』は、魔術の世界では有名な植物で、根を地面から引き抜くと大きな悲鳴をあげ、その悲鳴を聞いた人は狂い死にするという、恐ろしい伝説で知られる植物です。『ハリー・ポッター』にも登場しましたね。実際には地中海地域に自生するナス科の植物で、古くから薬草として用いられてきました。ですから、この伝説は魔術や錬金術の原料として珍重された結果、乱獲を恐れて広められたようです。

さて、根はチーズにオブラートアート。葉は、アイスプラント。土みたいな部分は、ひき肉に海苔、すりゴマ、竹墨パウダー、シイタケのみじん切りを混ぜた甘辛いそぼろです。ちなみに花言葉は「恐怖」「幻惑」。さすがに、伝説とリンクして強烈です。

Motif

マンドラゴラは、ナス科マンドラゴラ属の植物。根茎が幾枝にも分かれ、個体によっては人型に似る。

Technique

● オブラートアート（→P011）

2019年11月13日(1時間30分)

肉巻き鬼義理弁当

忙しくて寝不足が続く中、毎日毎日、オットさんから用事を言いつけられるので、とうとう「おにぎり」が「鬼義理」になりました。私は何も言っていませんが、ダイレクトに伝わる"弁当バコミュニケーション"です。

さて、見た目はともかく、肉巻きおにぎりは国産牛すき焼き用を使いました。周りにはパプリカ、ナポリタン、煮豆、トマトと赤い食材を四隅に置き、紫タマネギのソテーを間に詰め、緊張感を高めています。鬼の顔の白い部分は、はんぺん、ツノはヤングコーンで立体感を出して、不気味さを強調しています。オットさんは、この弁当を食べて反省したと思いきや、すぐに新しい仕事依頼がありました。しかもギャラは出世払い。全然懲りていません。

Motif

鬼の面の印象がある般若の面。代表的な能面の一つで「嫉妬や恨みの篭る女の顔」として2本の角を持つ。

Technique

● オプラートアート(→P011)

2019年10月16日（1時間30分）

キンパ de こけし弁当

朝からキンパの具を手作りした弁当です。ニンジンを細く切って炒め、プルコギビーフを作り、卵焼きを作って、ほうれん草を茹でました。キンパは、たくあんを入れた方がおいしいのですが、オットさんは漬物が嫌いなので、ニンジンにほんの少し酢を入れました。そして、キンパの準備をしながらポテトサラダを丸め、こけしの頭を作りました。素朴さを出すために、下書きなしでオブラートアートし、愛らしい顔に仕上げています。

ところがオットさん、このこけしの顔がどうも怖いらしいのです。素朴さの中に「何を考えているのか分からない」という怪しさがあるのだとか。数々の"顔"を食べてきたオットさんがそう言うのだから、そうなんでしょうね。

Motif

こけしは江戸時代末期、東北地方の温泉地の土産物として作り始められた木製の人形玩具。

Technique

- オブラートアート（→P011）
- ポテトサラダ（→P012）

🕒2021年5月10日(1時間30分)

心霊写真弁当

縦長の透明なプラスチック製の容器を、弁当箱にしてみました。ですが、これは失敗。ご飯のわずかな蒸気ですぐに曇ってしまったのです。一旦は写真を撮るのを諦めたのですが、オットさんが「一生懸命作ったのだから写真くらい撮りなさい」というので、写真を撮ったら、今度は心霊くんが「ちゃんとお披露目しろよ」と訴えかけるので、インスタグラムにアップしました。

おかずはブロッコリーの生姜オイルまぶし、紫キャベツのマリネ、肉そぼろ、ひじきと海苔の佃煮、ほうれん草のナムル、ワカメのゴマまぶしで、ご飯は1合入りました。ちなみに、蒸気でぼやけた心霊くんは、白玉小麦粉団子。最初は失敗だと思いましたが、蒸気のおかげで不気味さが増したように思います。

Motif

「心霊写真」は記念写真やテレビドラマ、映画撮影などで、意図せず偶然に写り込んだ心霊的な写真。

Technique

● 白玉小麦粉団子 (→P013)

TAKENAKA

2020年2月19日(1時間)

メドゥーサ菜めし弁当

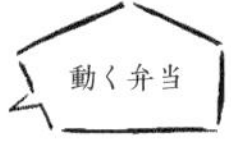

カラヴァッジオの『メドゥーサ』をモチーフにしました。この絵は、イチジクの木で出来た盾に貼ってあります(強烈で最強の盾です)。

その顔を見たものを石にしてしまうメデゥーサの頭。ペルセウスは鏡のように磨いた盾にメドゥーサを映しながら首を切り落としたそう。怖いのですけど、素晴らしい作品ですね。

さて弁当は、小松菜とチリメンジャコをゴマ油で炒めてご飯にのせています。周りの黄色はターメリックで色付けしたポテトサラダ。メドゥーサの顔はスライスチーズにオブラートアート。蛇の頭はイカスミスパゲティ。血の吹き出したところはパプリカです。

このあたりをネタに弁当を作るようになったら、もうこの先は何でもありの予感がしますよね。

Motif

カラヴァッジオが描いた『メドゥーサ』。頭髪が毒蛇で、顔を見たものを石に変えるといわれる怪物。

Technique

- オブラートアート(→P011)
- 麺類の弁当(→P014)

🕒2020年3月25日(1時間30分)

IT弁当

怖すぎて撤去されたという映画『IT』の顔面ポスターをモチーフに、インドの炊き込みご飯「ビリヤニ」を詰めて弁当を作りました。

怖い映画は最近観ないことにしているので、当然この映画は観ていないのですが(観てないのかよ!)、冷静にこのポスターを見ていると、話題性もあり、デザイン的にもなかなか素晴らしいと思います(子どもにはトラウマだよ)。

さて、ビリヤニの上には、卵の白身とたこ焼き粉に水を混ぜたものを焼いてかぶせ、目と文字はオブラートアートで仕上げています。歯はスライスチーズ。顔の赤い部分は爪楊枝にケチャップをつけて描きました。ケチャップのぬらぬらとした血糊感のおかげでリアルに仕上がり、より一層不気味になりました。

Motif

殺人ピエロ"ペニーワイズ"と少年たちの対決を描いたスティーヴン・キング原作のホラームービー『IT』。

Technique

● オブラートアート(→P011)

松浦仁史

HITOSHI MATSUURA

まつうら・ひとし／ナンシーさんの夫。通称「オットさん」。会社経営の傍ら彫金作家としても活動し広島三越で個展を開催。ナンシーさんとは結婚27年目。

暮らしの延長線上にある弁当
夫婦一緒の目線で笑える幸せ

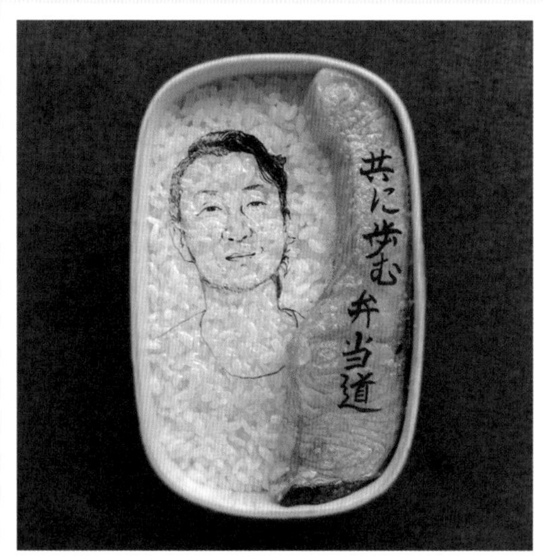

デザイン関係の仕事をしていることもあり、妻の作ってくれる弁当は、もともと色合いがきれいだったり、オシャレなものが多かったです。

日々の弁当の写真をインスタグラムに載せはじめたのが3年前。見た人から反応があるのが楽しかったみたいです。すぐに飽きるかなと思っていましたが、SNSでつながった人から、技術やアイデアなどを教えてもらうことも多く、夢中になっていったようです。

誰をモチーフにした弁当を作るか、どんな言葉を入れるか、二人で考えて盛り上がったこともあります。内田裕也さんのシャケ弁当に「シャケナベイベー」という言葉を入れたり、「シャケとタマゴと男と女」という文字とともに作ったショーケン（萩原健一）さんの弁当は、今でも秀逸だったなと思います。弁当は私たちの生活の一部であり、暮らしの延長線上にあります。また、彼女の考え方や生き方は“表現者”なのだなぁと思わせられるところがあり、刺激になっています。昔と変わらず、これからも同じものを見て笑い合っていけたらいいですね。

第8展示室

カレー・ルネサンス

サイババカレー弁当

ジャバカレー弁当

ヘイボンカレー弁当

ジョーズ弁当

カレー番長シリーズ トランプナン

カレー番長シリーズ YOKO FUCHIGAMIナン

カレー番長シリーズ OK牧場弁当

カレー番長シリーズ 竹内力

2018年4月10日(1時間15分)

サイババカレー弁当

罰当たり弁当シリーズです。インドで多くの人々が聖者と認めるスピリチュアルリーダー「サイ・ババ」をモチーフに、カレー弁当を作ってみました。似顔絵弁当を作り始めた初期の弁当で、まだコツが掴めずに四苦八苦していた頃、カレーを似顔絵に落としてしまうというハプニングが発生しました。急いで描き直して仕上げましたが、「罰が当たった」と思ったことは、言うまでもありません。

ちなみに、お弁当用のカレーは水分を控えめにして、冷めてもおいしく食べられるように工夫しています。服の黄色い部分は炒り卵。きれいな黄色を出すために弱火でじっくり火を通し、絶え間なくかき混ぜています。慌ただしく作ってはいますが、意外と繊細な仕事をしているのです。

Motif

サティヤ・サイ・ババは、インド国内では多くの要人や聖者も認める霊的指導者。2011年4月24日死去。

Technique

- オブラートアート(→P011)

🕒2020年6月24日(2時間)

ジャバカレー弁当

『スター・ウォーズ』ファンは、よくご存じのジャバ・ザ・ハットをモチーフに、弁当を作りました。強欲と腐敗の象徴のようなキャラクターで、だらしない風貌ですが、なかなか人気があるようです。

この弁当ですが、おいしそうに見えるかどうかはさておき、作るのは面白かったです。ジャバのボディーと顔は、ポテトサラダで作りました。顔はオブラートアートで、着色は食紅で直接丁寧に書き込んで仕上げています。

ここまでが前日夜の作業。当日朝はキーマカレーを作り、ゆで卵を茹でました。ここまで完璧にこなしていた私。盛り付けを済ませ、最後にゆで卵を飾ろうしましたが、まさかの殻剥きに失敗。己の詰めの甘さに絶句しました。

Motif

ジャバ・ザ・ハット はSF映画『スター・ウォーズ』シリーズの登場人物。巨大な権力を持つ犯罪王。

Technique

- オブラートアート(→P011)
- ポテトサラダ(→P012)

2020年4月15日(1時間15分)

ヘイボンカレー弁当

懐かしいホーロー看板の松山容子さんの似顔絵を、描いてみました。このレトロな雰囲気を、カレーでも再現しようと試みたのです。

スパイスを微妙に調合したインドカレーや、気が遠くなる作業を経て出来上がるコクのある欧風カレー……ではなく、粉っぽいお母ちゃんのカレーをイメージして作りました。もちろんカレーの具は豚の切り落としとニンジンとタマネギだけです。オットさんも懐かしさを感じながら食べてくれると思っていましたが、これでもまだ「スパイスが効いている！！」と言っていました。物足りないぼやけた味を再現するのは難しいですね。少し考え込んでしまいましたが、そこでハッと気付いたのです。わざわざ、味気ないものを作る必要がどこにあったのでしょうか？

Motif

ボンカレーのホーロー看板。女優の松山容子がボンカレーを持って微笑んでいる姿はなじみ深い。

Technique

- オブラートアート(→P011)

2019年10月8日（2時間）

ジョーズ弁当

キーマカレーの上にポテトサラダで作ったジョーズをのせています。週1回くらいのペースなら、カレーでも平気なオットさんなので、カレー弁当は頻繁に登場します。

さて真夜中、まだまだ製作途中のジョーズを見ながら、あまりの出来の良さに思わず「天才！！」とつぶやいた私。しかし、隣の寝室から「真夜中の自分はいつも天才！！」と、こだまが返ってきました。夜が明けて、朝になり、実際に弁当を仕上げて思ったことですが、まぁ……普通です。昨夜まで、自分至上最高の前衛弁当だと思っていましたが、確かに真夜中の自分は、いつも天才のようです。

Motif

スティーヴン・スピルバーグ監督の『ジョーズ』。突如巨大な人喰いザメが現れ襲われるパニックスリラー。

Technique

- オブラートアート（→P011）
- ポテトサラダ（→P012）

2020年5月25日（1時間30分）

カレー番長シリーズ トランプナン

元アメリカ大統領のドナルド・トランプ氏を、ナンに描いてみました。今までいろいろ作ってきましたが、憎たらしさやふてぶてしさを、これほど忠実に表現できるとは、我ながらあっぱれ！ と、自画自賛。

どこの国にも、どんなところにも、リーダーは存在し、独特の個性があります。個性的という意味では、他に類をみない存在だと思うけれど、なんというか、大統領としてはどうだったのだろう……と、素直に思ってしまいます。いやいや、深い意味はありません。さて、カレー番長シリーズは、顔に主張のある人しか選ばれません。しかも見た目の破壊力だけでなく、その人の存在に迫力が必要です。ですから、いくらでもいるようで、これがなかなか。人選には困難を極めます。

Motif

アメリカ合衆国第45代大統領ドナルド・トランプ。実業家としての成功を収めたのち、政界に進出。

Technique

- オブラートアート（→P011）
- ナンの弁当（→P015）

2018年11月1日(1時間30分)

カレー番長シリーズ YOKO FUCHIGAMIナン

ロバート 秋山さんの「クリエイターズ・ファイル」から、トータル・ファッション・アドバイザーのYOKO FUCHIGAMI の似顔絵をナンに飾ってみました。この日の弁当は、6種(クミン、ターメリック、コリアンダー、クローブ、チリ、ガラムマサラ)のスパイスを、目分量で調合。作るたびに微妙に味が変わるインドカレーを作りました。本来なら、こちらがメインのはずなのですが、圧倒的な存在感のナンが主役になりました。ナンは、前夜にパン生地をこねて冷蔵庫に入れてゆっくり発酵させます。そして朝、生地を伸ばしてフライパンで焼きました。焼き上がったら、表面を少し湿らせてオブラートアート。テカテカ感が効いています。いつもパン生地の発酵は微妙ですが、伸ばして焼けばナンとかなります。

Motif

お笑い芸人ロバート秋山竜次がなりきるトータル・ファッション・アドバイザーYOKO FUCHIGAMI。

Technique

- オブラートアート(→P011)
- ナンの弁当(→P015)

2020年1月14日(1時間30分)

カレー番長シリーズ OK牧場弁当

ガッツ石松さんの似顔絵を、ナンに描きました。前日、オブラートに絵を描いた段階で、ナンの生地をこねようと思ったのですが、イーストを使い切ったことを思い出し、頭を抱えました。必要な材料がないと、本当にガッカリするものです。それだけで弁当作りのテンションが下がります。仕方ないので、「イーストなし」「ナン」で検索をかけたら、たくさんのレシピが出てきて、思わず手を合わせました。そう、結局膨らめば良いのです。すぐに頭を切り替えてベーキングパウダーを使って作ることにしました。

食感や風味は違いますが、違和感なく食べたそうです。さらに「OK牧場!」と、ガッツ石松さんが全肯定のエールを送ってくれました。

Motif

元WBC世界ライト級チャンピオンのガッツ石松。ボクシングの世界から俳優に転身し、タレントとして活躍中。

Technique

- オブラートアート(→P011)
- ナンの弁当(→P015)

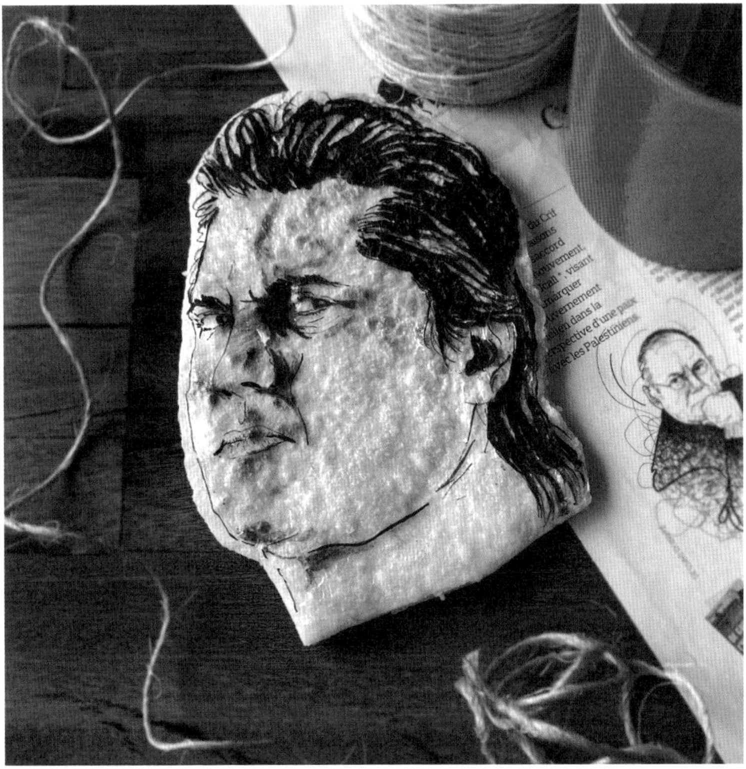

🕒2021年5月6日（1時間30分）

カレー番長シリーズ 竹内力

こんなにもイメージがぴったりなのに、今まで、なぜ竹内力さんの似顔絵を描いていなかったのか。いや、もしかしたら作っていたかもしれないと、思わず過去の弁当写真を探しました。焦げ具合といい、デコボコ感といい、カレー番長のナンにふさわしい迫力です。

さて、私はいつでもスパイスカレーやビリヤニが食べられるように、自家製のカレーの素を作っています。スパイスはクミン、ターメリック、コリアンダー、チリ、クローブ、ガラムマサラを使い、あらごしトマト、ヨーグルト、塩、生姜、ニンニク、フライドオニオンを混ぜて作ります。これに食べやすい大きさに切った鶏肉を入れてジップロックで保存。そのためなのか、我が家のカレー登場の頻度が高まり、いつもほんのりカレー臭が漂っています。

Motif

俳優、歌手、タレントとして活躍中の竹内力。いかついキャラクターで"Vシネマの帝王"と呼ばれる。

Technique

- オプラートアート（→P011）
- ナンの弁当（→P015）

食材

私の食材選びのポイントはズバリ色と形とテクスチャーです。旬の野菜や魚介類、食肉や加工品はもちろんですが、ここでご紹介するのは普通の弁当ではあまり使わないであろう食材。前衛弁当では、いずれもレギュラーで登場する物ばかりです。

A 食紅

食紅はWilton社製のアイシングクッキー用の物を使っています。発色が良く、にじまないのでお気に入りです。服などについたらなかなか取れないので、注意して使っています。

B 野菜パウダー

MIKASAの野菜パウダーを常備して必要に応じて使っています。食紅と比べれば少し物足りない気もしますが、野菜の風味と色が出せるのは魅力です。

C ととしーと

ととしーとは富山県の会社「生地蒲鉾」で製造されているシート状の蒲鉾です。カラーが揃っており、特に青色を使いたい時に便利です。

D オブラート

今やキャラ弁では欠かすことができない存在。前衛弁当の絵はキャラ弁用の大きくて厚いオブラートを使っています。

E 色つきの麺

GABANのイカスミスパゲティをはじめ、色つきの麺類をよく使います。好みの色の麺にははなかなか出会えないので、見つけたら、必ず買うようにしています。

F チーズ、はんぺん

絵を描いたオブラートを貼るのに相性が良く便利な食材です。

G アクセント食材

(糸唐辛子、胡椒、あられ、ゴマ)何か物足りない時に、ちょっとした色のアクセントとして使っている食材。

第9展示室

キャラ弁前派

ふぞろいのむすびたち弁当

渦巻き弁当

元祖お結び弁当

アトムと芋弁当

オオサンショウウオ蒸し弁当

弁当の中に弁当があってもイイじゃないか弁当

トトロのお土産弁当

人生に勝つサンド弁当

タイガーオムレツ弁当

栗の小道弁当

きのこ焼き弁当

イカした焼きそば弁当

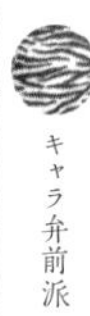

2020年5月18日(15分)

ふぞろいのむすびたち弁当

パッと見は手抜きに見えますが、その通りです。普通ではない点は、大きさが「ふぞろい」だということだけ。実に簡単にできてしまいました。弁当を作る時、どうしても揃えたり整えたりすることを意識してしまいがちです。それをあえて、まったく違う大きさで作ってみようと思っただけです。揃えない、整えないが、むしろ新鮮！ 良いアイデアだと思いませんか？

さて、大きいのは結構握りやすいのですが、小さいのはこれが限界。海苔もおむすびに合わせて切りました。破れたものもそのまま。それが絵になる不思議(いやっ……なってないか……)。いつもこんなアイデアが浮かんだらラッキーです。仕込みはいらないし、楽だし。しかし、それが浮かばない。一回しか使えないアイデアだし……。

Technique

ふぞろいのむすびを作るポイント

❶炊きたてご飯に塩を混ぜる。
❷好みの量ご飯をラップにのせて包み、口をギュッとねじってしっかりまとめる。
❸三角の形を作る。(平らな面に押し付けながら成形すると綺麗に仕上がる)
❹冷ましてから弁当箱に詰める。

2020年1月8日(45分)

渦巻き弁当

一般的な長さの4倍もある超ロング細巻きを作って、とぐろを巻いてみました。お歳暮でいただいた海苔は、パリッパリに乾燥していて、バリバリと破れました。その補修だけで10分かかりました。こんな面倒で、無益なことは誰もしないと思います。ギョッとする見た目も悪いです。

皆さんは美しくておいしい弁当作りを目指してください。私はこのまま渦に巻かれて、頑張りたいと思います。実に因果なことです。いやいや、因果なのはオットさん。「あんなお弁当でいいのか？」「どんな気持ちで食べているのか？」と、会った人会った人に聞かれるそうです。そして初対面の人に「あっ、お弁当を食べる人」と言われるらしいです。我々二人は、このまま渦に巻かれてどこに向かうのでしょうか……。

Motif

植物のつる、蛇、台風の目、銀河系……自然界も宇宙も渦巻きに溢れている。渦巻きは、生命をシンボライズするものだといわれている。

2018年9月20日(45分)

元祖お結び弁当

ご飯を結んだらどうなるのだろう……と、弁当バカは考えました。おかしな発想です。まず、100円ショップで細巻きの道具を買ってきました。それを使い、海苔を縦につないで、約2倍の長さの細巻きを作りました。細巻きの中心には何も入れず、ただ塩を混ぜたご飯が入っています。それをグルンと曲げて、グルンと結びました。文章にしたら実に簡単そうですが、これが大変な作業なのです。曲げたところからバリンバリンと海苔が破けるのです。刷毛に水をつけて小さく切った海苔を接着し、押し付けながらなじませました。

黒光りして、食べ物なのかどうかさえも分からないヤバいビジュアルですが、これが本当の"お結び"です。

Motif

お結びの語源は「ムスヒ」。「ムス」は生み出す、「ヒ」には神という意味があり、生命や活力を生み出すと言われる。そう書くとなんだか特別感がある。

2019年9月30日（3時間）

アトムと芋弁当

アトムの頭をイメージして、角を二本付けました。それだけでアトムと気づいてくれました。おにぎりは、タラコをしっかりと焼いて入れています。おいしさは、間違いありません。

さらに、芋は前夜に3時間かけて蒸しました。ウチには芋を蒸すだけのお鍋があって、これだと、本当に甘くなります。じっくり時間をかけて調理した芋は、デンプンが糖化して黄金色になり、お菓子のように甘くなるのです。

出来上がった弁当は経木に包みました。これが適度に水分を吸収して、なかなか良い仕事をしてくれます。この弁当は栄養バランスなどを飛び越えて、その時、自分が食べたかったものを弁当にしたのです。そう、新米と芋の威力は絶大です。

Motif

『鉄腕アトム』は、手塚治虫のSF漫画及び同作を原作としたテレビアニメ。主人公は10万馬力のパワーと七つの力を備えた少年型ロボット。日本最初の長編テレビ用連続アニメとして制作され、アニメーションの歴史を一変させた手塚治虫の金字塔の一つ。

2020年11月15日（1時間）

オオサンショウウオ蒸し弁当

小田巻蒸しを作ってみました。簡単にいえば“うどんを入れた茶碗蒸し”のことです。そう、中学校の家庭科で習いました。めちゃくちゃ面倒臭い料理だと思いましたが、今の私は面倒臭い部分は削れるだけ削って、電子レンジでチン！ 失敗もしません。今にして思えば、基本を知らなければ、簡単にもできませんから、家庭科の授業って大事だなと思います。

さて、この弁当で気になるのは、オオサンショウウオだと思います。これは広島の新しい名産です。高校生が考案して「藤利食品」から販売しているこんにゃくです。すでに醤油出汁で煮ているので、そのまま食べられます。中にはシシャモの卵が入っていて不思議な食感。このプルプル感とツブツブ感を一度お試しあれ。

Motif

今話題の「オオサンショウウオこんにゃく」。国の天然記念物をかたどった広島の新しい名産。

2020年4月20日(45分)

弁当の中に弁当があってもイイじゃないか弁当

名前が長いですが、お弁当の中にミニ弁当を作ってみました。おかずがほとんど入っていませんが、ご飯の下に鮭ほぐしが隠れています。

時々、ビジュアル重視でバランスがおかしい前衛弁当。しかし、そこはあんまり気にせず、しなやかな発想で続けていこうと思っています。

先日、私が「毎朝締め切りです」と言ったら、「まるでアスリートだね」と、言われました。弁当のアイデアは無限ですが、いつも成功するわけではありません。同じものを作り続けても面白くないので、必死に新しいことを考えてみますが、アイデアが泉のように湧いて出るわけではないのです。

この弁当も就寝15分前にアイデアが浮かび、「やっと寝ることができる……」と思ったものです。

Technique

ちょっとした笑いを入れて遊ぶのが前衛弁当のコツ。失敗して完璧ではない弁当、まったく技術の必要ない弁当も開き直って発表する。また、忙しい時、やる気のない時でも作れる弁当のアイデアは常時ストックしている。

2020年2月4日(45分)

トトロのお土産弁当

先日、ベトナムの“ちまき”といわれるバインチュンを、オットさんが買ってきてくれました。そのビジュアルが素敵だったので、試しに作ってみました。

中には、もち米で作ったおこわ。そこに、甘辛く煮た豚肉と菜の花の塩茹でを入れています、ラップでぎゅっと握ったものを、アニメ映画『となりのトトロ』で登場するお土産風に、朴葉でラッピング。縛るのはい草で、乾いている状態だと硬いのですが、前夜に少し茹でて、そのまま湯につけておけば、朝には紐として使えます。朴葉やい草はインターネットでも購入できます。さらに、着色したポテトサラダにケシの実をつけ、どんぐりを作りました。趣きの違う弁当を自慢げに、誰かに届けたくなりました。

Motif

スタジオジブリ制作宮崎駿監督作品の長編アニメーション映画『となりのトトロ』の中で、大トトロが傘のお礼に主人公サツキに手渡すお土産。笹の葉で包み、竜のひげでしばった小包。中にはドングリが入っていた。

Technique

● ポテトサラダ (→p012)

2019年1月4日(1時間)

人生に勝つサンド弁当

この弁当は、なんとテレビ番組『松岡修造のくいしん坊！万才』の番組企画「輝け！くいしん坊映え大賞」で、最優秀賞に選んでいただきました。さらに番組で松岡修造さんが我が家に来てくださり、すごく記念になった弁当です。見ての通り中身は普通のカツサンドで、箱に絵を描いただけ。これでいいのか？ と今でも思っています。

さて、この弁当は、東京で一人暮らしの息子が正月に帰省した時に作ったものです。年末にスノーボードで脱臼し、帰省中、寝込んでいた息子。いよいよ東京に戻る日に手渡しました。そう、心配だけを残していつも立ち去るので、見送りの空港では涙がにじみます。とは言いつつも、年末年始、数日一緒に暮らしていると、ダラダラした姿に腹が立ち、ガミガミ言ってしまうのです。

Instagram
「輝け！くいしん坊映え大賞」授賞式の模様

Motif

「げんかつぎ飯」の中でも「勝つ」に直結するトンカツ料理は勝負事の前に昔からよく食べられる。

2019年9月18日（1時間30分）

タイガーオムレツ弁当

オットさんが小さい時に使っていた弁当箱が出てきました。「物持ちがエエねぇ」と言うと「どうも捨てることができんかったんよね」と言いました。何か大切なものでも入れていたのかもしれません。

オットさんの弁当箱は『タイガーマスク』でしたが、私は『三匹の子豚ブーフーウー』でした。私の弁当箱には、母が経営していた食堂で刻んだネギを入れていました。まだあるだろうから、もらいに行こうと思います。使わない物は捨てたほうが良いと言いますが、思い出が詰まっていて捨てられない物もあるなと、思いました。子どもの時に使っていた弁当箱も、その一つのような気がします。

皆さん、子どもの頃の弁当箱の柄は、何でしたか？

Motif

アルミの欠点を補うため、皮膜を作る表面処理をしたアルマイトの弁当箱は軽くて丈夫。昭和世代の弁当箱はほとんどがこの弁当箱。その時流行ったキャラクターなどがプリントされることが多く、世相を伺うことができる。

Technique

- オブラートアート（→p011）

2020年10月20日(1時間15分)

栗の小道弁当

栗を小径の飛び石に見立てて、弁当を作りました。カゴの容れ物にワックスペーパーを敷き、ご飯を詰めます。両サイドにゴマ入りのポテトサラダを敷いて、石に見立てた肉団子を配置。苔っぽいのはブロッコリーです。栗を飛び石に見立てましたが、ギッチギチに配置してしまい、デザイン的には、いまひとつ。3個くらい削ったら、素敵だったかもしれません。

それにしても、この栗。渋皮がたくさん残っていて仕事が粗いのがよく分かります。いつも慌ただしく、ブツブツと文句を言いながら皮を剥いているので、こんなことになります。そういえば、家族の誰も栗の皮を剥いてくれたことがありません。どれほど手間がかかり、面倒な作業なのか分からずに食べているのです。

Motif

和風の庭にある飛び石は、雨が多い日本で履物が土で汚れないように置かれており、和服を着た人の歩幅に合わせてある。景観だけでなく、立ち止まって庭の景色を楽しんでもらいたいという「おもてなし」の心が反映されている。

Technique

- ポテトサラダ(→p012)

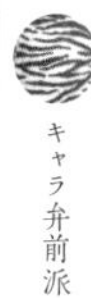

2020年4月21日(50分)

きのこ焼き弁当

朝、たこ焼きを焼くのも面倒だし、わざわざキノコの形にするのも面倒なのに、体が勝手に動いてしまいました。頭の中に完成イメージができているので、それに従って作るだけです。

まずは、たこ焼きを焼くホットプレートに生地を半分入れます（具材は細かく切って混ぜ込んでいます）。軸は、はんぺんを潰して片栗粉を混ぜて形を作り、茹でています。味はモチっとした安いかまぼこって感じです。これを、半分生地に挿していきます。焼き上がったら、きのこに見えなくもないでしょう？　この弁当が出来上がった時、50分一本勝負に勝利した自分を褒めてやりたい気分でした。オットさんにも好評で喜んでくれましたが、その後の台所の惨状を思い出すと、二度とやる気になりません。

Motif

たこ焼きは、小麦粉の生地の中にタコと薬味を入れて球形に焼き上げた料理。関西の粉もん文化の代表格で、ある調査でたこ焼き器所有率1位は兵庫県。大阪府は2位。いずれも関西の所有率は高い。

2018年6月6日(45分)

イカした焼きそば弁当

見ての通り、イカフライを大胆にトッピングしています。イカフライはオットさんの大好物なので、いつも我が家に常備。インパクトを与えるために、一枚をドーンとのせました。

さて、焼きそばを弁当に入れる場合、気をつけなければならないのが、水分です。(ナポリタンも同じ)水分が多いと、麺がふやけて味がぼやけて、くっついて固まってしまいます。そうなると残念なので、簡単なポイントを伝授します。まずは水分の出やすい野菜を入れないようにします。そして、具と麺は別々に炒めて下味をつけます。それを少し冷ましてから合わせます。最後に粉ソースをからめてさっと混ぜて仕上げます。少し手間なのですが、この一手間でイカした焼きそば弁当が出来上がります。

Motif

「イカフライ」とはイカのすり身と小麦粉などを混ぜたせんべい生地を、イカの形にして揚げたおつまみ菓子。

Technique

● 麺類の弁当(→p014)

道具

私が作る前衛弁当は海苔を切るでもなく、複雑な形を抜くこともないので、それほど特別な道具を買い揃えてはいません。基本は自宅にあるものを活用してきました。とはいえ、「これだけは譲れない！」「これがあったら便利」というものもありますので、ご紹介したいと思います。

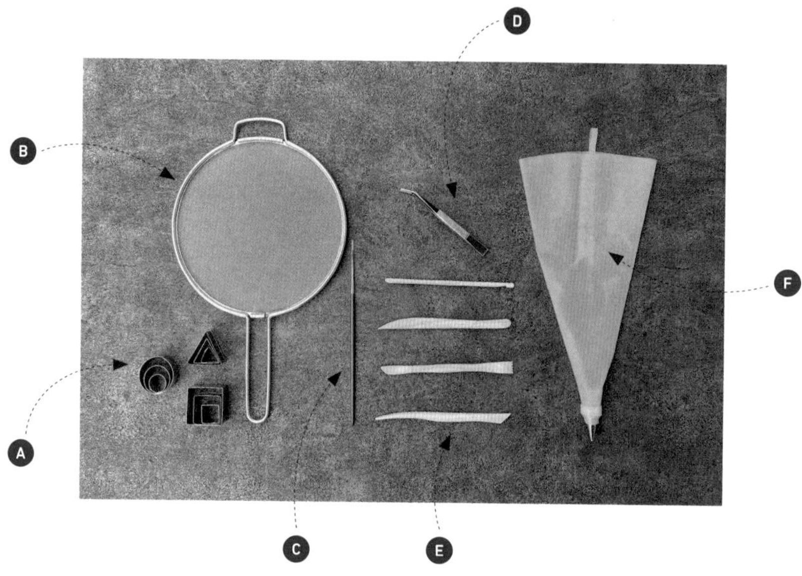

A 型抜き

あまり持っていない……と言いながら、どんどん溜まっていくのが型抜きです。本来の形にこだわらず、部分的に活用したりすると使い道はグッと広がります。

B 裏ごし器

ジャガイモの裏ごしを作る時に使います。茶漉しで代用して壊してしまったので、ちゃんとしたのを最近買いました。

C 筆

名村大成堂の「SK-Meteor」というシリーズを愛用しています。オブラートに絵を描く時、筆先が最高の状態を保ってくれます。

D ピンセット

オブラートを貼る、または細かい細工をする時に使っています。特に最後の作業で使うことが多いので、ピンセットを持つ手が緊張で震える時があります。

E ヘラ

ポテトサラダや白玉団子の生地で形を作る時に使っています。ほとんど粘土細工のような感じです。

F 絞り出し

緩めにしたポテトサラダを絞り出しています。金口はたくさんありますが、使いこなしてはいません。

第10展示室

キャラ弁後派

アマビエ弁当

シュールなダダ星人弁当

ピグモンじゃね？弁当

小さなおじさんシリーズ　バカンス弁当

小さなおじさんシリーズ　落ち武者弁当

小さなおじさんシリーズ　人参畑弁当

小さなおじさんシリーズ　肉布団弁当

タコロッケ弁当

彌生巻弁当

星の王子さま弁当

肉巻きこけし弁当

ステーキの陰から弁当

ゴルゴマグナム餃子弁当

クラーケン弁当

レレレのレ〜弁当

ビッグフット弁当

2020年3月26日(2時間)

アマビエ弁当

「アマビエ」という名の妖怪をモチーフにしました。「アマビエ」は、新型コロナウイルス収束の願いと共に、SNSで瞬く間に拡散したことは誰もが知っていると思います。私もこの流れを意識し、弁当化せずにはいられませんでした。

弁当は原画のとぼけた感じをパステル調で表現し、妖しくならないようにファンシーに仕上げました。ベースになっているのはナポリタン。魚肉ソーセージとスライスチーズのお花と、枝豆を散らしています。アマビエ本体はポテトサラダで髪の毛は錦糸玉子。出来上がった弁当は、「私の姿を描き写した絵を人々に見せよ」のお達しどおり、その後、ポストカードに仕上げて配ることにしました。

Motif

現在の熊本県の海上に出現したとされる日本の妖怪。豊作や疫病などに関する予言をしたと伝えられる。

Technique

- オブラートアート(→P011)
- ポテトサラダ(→P012)
- 麺類の弁当(→P014)

2020年2月10日（1時間30分）

シュールなダダ星人弁当

模様が実にスタイリッシュな怪獣「ダダ星人」をモチーフに、弁当を作りました。本当はパンで挟もうと思っていたのですが、適当な大きさのパンが見つからず、仕方ないので細長いおむすびを作って、切れ目に佃煮を塗り、その上に、はんぺんにオブラートアートした胴体をのせました。顔はポテトサラダに目、鼻、そして顔のブツブツと、失敗したおかっぱみたいな頭を描いています。

ダダ星人は『ウルトラマン』シリーズの中の怪獣だと思っていましたが、正確には宇宙人です。たぶん「ダダイズム」からきた名前だと思うのですが、その意味不明でシュールなところが魅力的です。実は、ダダ星人をモチーフにしたのは2回目です。結構好きなキャラクターなので、また登場するかもしれません。

Motif

特撮作品『ウルトラマン』シリーズに登場する架空の宇宙生命体「ダダ星人」。さまざまな超能力を持つ。

Technique

- オブラートアート（→P011）
- ポテトサラダ（→P012）

2019年6月26日(1時間30分)

ピグモンじゃね? 弁当

コンビニエンスストアで、コンビーフを見つけました。少しお高めでしたが、色、テクスチャーが「ピグモンじゃね?」と閃いたので、躊躇なく買うことにしました。食材を色やテクスチャーで選ぶ人はあまりいないと思いますが、私は、完全にそのタイプです。

さて、顔と胴体と手はポテトサラダで、丁寧に爪楊枝を使って成形しました。肝心の食べた感想ですが、消化器が弱いオットさんにはコンビーフは少し重たかったみたいです。昔、オットさんにもワイルドなところがありましたが、コンビーフが重たいと感じるようでは、すでにワイルド返上です。月日は人を変えます。好みもスタイルも見た目も。今では私よりも繊細で驚きます。

Motif

特撮作品『ウルトラマン』シリーズに登場する架空の小型怪獣「ピグモン」。

Technique

- オブラートアート(→P011)
- ポテトサラダ(→P012)

🕒2020年5月28日（1時間15分）

小さなおじさんシリーズ バカンス弁当

小さい頃、大好きだった「きな粉まぶしご飯」を再現してみました。白いご飯の上に、きな粉と塩をまぶしただけなのですが、母がよく作ってくれました。

きな粉って使い切るのが大変なんです。一度封を切ると、だいたい余ってしまいます。先日、餅の季節でもないのにうっかり封を切ったので、もったいないから、この懐かしのご飯を作ってみました。オットさんも初体験ながら、口には合ったようです。

さて、「この小さなおじさん」。顔はいつものポテトサラダで作りました。目や髪はオブラートアート、頬の赤みは直接食紅で着色しています。汗は寒天で、葉っぱは三つ葉。夜中に思いついて細部まで作りこむこの執念。何かに憑依されているのでしょうか？

Motif

日本の都市伝説「小さなおじさん」。その名の通り、中年男性風の姿の小人がいるという伝説。

Technique

- オブラートアート（→P011）
- ポテトサラダ（→P012）

2020年3月17日（1時間30分）

小さなおじさんシリーズ　落ち武者弁当

何度も何度も人に語っていますが、私は小さい時「小さなおじさん」を見ました。いつも、実家の古い時計から出てくるのです。このおじさんのように可愛い存在ではありませんでしたが、「小さなおじさん」は実在する！と今でも思っています。

それで作りはじめた「小さなおじさん」弁当。今回はおじさんを落ち武者にしてみました。先日、近くのスーパーで明石の「ひっぱりだこ飯」を買いました。この壺欲しさに。この弁当のためにあるような壺ですけれど、この弁当の一番のポイントは容器ではなく、ヘアスタイルです。最初は普通の海苔を貼ってみたのですが、違うなと思ったので、ちぎって出汁で炊いて、ペースト状にしてペタペタ塗りました。どうですか？このナイスなザンバラ感！

Motif

日本の都市伝説「小さなおじさん」。その名の通り、中年男性風の姿の小人がいるという伝説。

Technique

- オブラートアート（→P011）
- ポテトサラダ（→P012）

2020年1月9日（1時間30分）

小さなおじさんシリーズ 人参畑弁当

オットさんが、弁当とは別に作ったスープを持って行くのを忘れたため、この日の弁当は、メインがおじさんで、おかずがニンジンという、かなりハードコアな内容になってしまいました。

さて、土みたいに見えるものですが、ちょっと説明します。肉のそぼろに、竹炭を少しとすり黒ゴマ、ちぎった海苔を混ぜて土感を出しています。そして、おじさん本体はポテトサラダで形を作り、顔とバーコード頭はオブラートアート。フッサフサの部分は海苔の佃煮です。先日、金時ニンジンの間引きしたものを見つけました。サイズ感が珍しいとか変わった色の野菜を見ると、とりあえず買ってしまう私。しかし、買うのは良いのですが、こんな風に活用できた例は、そんなに多くありません。

Motif

日本の都市伝説「小さなおじさん」。その名の通り、中年男性風の姿の小人がいるという伝説。

Technique

- オブラートアート（→P011）
- ポテトサラダ（→P012）

2021年4月12日(1時間30分)

小さなおじさんシリーズ 肉布団弁当

この弁当では、生姜焼きのお布団に包まれて至福の眠りにつくおじさんが登場しました。作った時は、「とにかく肉を食わにゃ〜元気が出んわい！」という気持ちで、生姜焼きをたっぷり入れました。申し訳程度に、フリルレタスとニンジンのサラダと塩茹でアスパラガスが入っていますが、決定的に野菜不足だと思います。ですが、正直男子はこれくらいの割合の弁当を喜びます。

夫婦共々仕事をいろいろ掛け持ちしているので、いつも休日返上でバタバタ。そんなわけで特に休み明けの月曜日はダルいのです。それが分かっているから、希望を優先させました。さて、このおじさんの顔と手は白玉小麦粉団子で作っています。最近、おじさんのキャラが確立されてきて、顔が可愛くなった……とよく言われます。

Motif

日本の都市伝説「小さなおじさん」。その名の通り、中年男性風の姿の小人がいるという伝説。

Technique

- オブラートアート(→P011)
- 白玉小麦粉団子(→P013)

2019年9月25日(1時間)

タココロッケ弁当

タコウインナーと、小さめのまん丸コロッケを合体させて、タココロッケ弁当(タコは入ってないけどね)を作ってみました。オットさんはおいしかったと言ってくれましたが、揚げ物が面倒臭い私にとっては、その評価はあまり嬉しくはありません。台所はベトベトになるし、特に衣付けは手間だから嫌いです。正直に言いますと、ここ最近は揚げ物を食べたくなると、外食か惣菜かの選択しかありませんでした。それが数カ月ぶりの自宅での揚げ立てのコロッケです。オットさんにしたら「おおごっつぉー(大ご馳走)」なわけですよ。よほど嬉しかったのか、食べている最中の画像まで送ってきました。ちなみに、私はこの絶賛ぶりに塩対応。あれから暫く揚げ物は作っていません。

ウインナー侍

オカンおにぎり

2020年2月3日（1時間30分）

彌生巻弁当

節分に恵方巻きを作りました。普通の恵方巻きはたくさんの人が作るだろうから、誰も作らないようなものを作りました。それが「彌生巻き」。お察しの通り、それでなくても面倒な恵方巻きが、さらに面倒になり、たかが恵方巻き１本作るのに１時間半かかりました。オットさんは、どっちを向いて食べたか分かりませんが、いつもぼっち飯なので、誰とも喋らず一心不乱に１本丸かじりにしたそうです。

頭はポテトサラダにオブラートアートで、ととしーと（P128）のピンクを貼って髪にしています。草間彌生さんの顔は労せずしてその場で書けました。オットさんが恵方を向いた確率はとても低いですが、（調べないから）頑張る労働者に幸あれ、と願いながら作りました。

Motif

世界中で絶大な人気を誇る「水玉の女王」こと草間彌生。マルチな活動を続ける日本を代表する前衛芸術家。

Technique

- オブラートアート（→P011）
- ポテトサラダ（→P012）

2018年8月17日(1時間15分)

星の王子さま弁当

大好きな絵本『星の王子さま』をモチーフにしました。ご飯は黒米(古代米)に少し竹炭パウダーを混ぜて、黒くしています。星の王子さまのベースはポテトサラダで、空に散っている星は黄色のパプリカ。さらに、左上に型抜きでボッコリ穴をあけ、炒り卵を詰めました。その下の見えない部分には、鶏肉のそぼろとほうれん草のナムルが入っています。まさに絵本に書いてあったように、大切なことは目に見えないのです。

さて、「なぜこんな弁当を作っているんですか？」と、よく聞かれます。聞かれても、自分でも分からないので答えられません。楽しいからとか、喜ぶからとか、そんな単純なことでもないみたい。大切なことはきっと、そんな分かりやすいことではないのでしょう。

Motif

『星の王子さま』はフランス人の飛行士・小説家アントワーヌ・ド・サン＝テグジュペリの代表作。

Technique

- オブラートアート(→P011)
- ポテトサラダ(→P012)

2021年4月14日(1時間15分)

肉巻きこけし弁当

オットさんの怖いモチーフNo.1のこけしシリーズ。もはや、私の中ではレギュラー化しています。こけしの顔は白玉小麦粉団子にオブラートアート。胴体は、棒状の肉巻きおにぎりです。冷蔵庫の中には、豚肉のコマ切れしかなかったので、お肉をしっかり伸ばして必要以上に小麦粉で固めて焼きました。ですから、見た目以上に苦労しております。

さて、肉巻きおにぎりですが、息子が高校生の時よく作りました。そう、作る時は一個や二個ではありません。息子の友人の分まで作っていたので、フライパンにギッチリ詰めて、焼きながらクルクル回すのも忙しかったです。しかし、この弁当の肉巻きおにぎりはたったの一本。手持ち無沙汰に一抹の寂しさを感じました。

Motif

顔立ちは最もポピュラーな「鳴子こけし」をモチーフにしている。前髪を結んでいるのが特徴。

Technique

- オブラートアート(→P011)
- 白玉小麦粉団子(→P013)

2018年8月17日（1時間15分）

ステーキの陰から弁当

これは親バカ弁当。息子がお盆に帰省した時に持たせた弁当です。この時はたった二日間だけ一緒でした。離れて暮らす子どもと「会えて嬉しいのは三日間」とママ友からよく聞いていましたが、本当にその通り。それ以上一緒にいると、さすがの私も、息子のだらしなさにイライラしてくるのです。そういう意味ではこの時の帰省は、名残惜しくて気持ちが入りまくった弁当になりました。もちろん材料費のことは考えず、迷わずステーキ丼にしました。

さて、夏場のお肉の弁当で気をつけなければならないのが火加減です。生焼けは厳禁なのでしっかり加熱しました。山のようにサラダも作り、山のようなお土産を渡しました。そして、見えなくなるまで涙ぐみながら見送るのが私のスタイルです。

Motif

梶原一騎原作・川崎のぼる作画の野球漫画・アニメ『巨人の星』に登場する主人公である星飛雄馬の姉。

Technique

オブラートアート（→P011）

🕒2020年11月24日（1時間30分）

ゴルゴマグナム餃子弁当

皮から作った超特大の餃子は、蒸し焼きにするのに15分かかりました。おかげで、外はカリッと香ばしく、モチモチに仕上がりましたよ（オットさん談）。前日に中力粉と塩、砂糖をお湯で混ぜて冷蔵庫で寝かせました。それを当日の朝に伸ばして、大きい餃子を作り、フライパンに油をたっぷり入れて、お水も入れて少し弱めの中火でじっくり火を通しました。大きさが分かったところで、ゴルゴの顔をオブラートアートし、出来上がった餃子に貼りました。

この時は餃子を作ることに精一杯で、他のおかずは“なし”。しかしむしろ、それで力が入ったかもしれません。その後オットさんには、約10時間職場で戦ってもらいました。

Motif

さいとう・たかをの劇画「ゴルゴ13」。超一流のスナイパー「ゴルゴ13」ことデューク東郷の活躍を描く。

Technique

● オブラートアート（→P011）

🕒2019年4月25日(1時間15分)

クラーケン弁当

タコ足2本をドーンと入れて、クラーケンに見立てたカレー弁当です。クラーケンはUMA(未確認動物)。見たことはないけれど、瀬戸内海の小さな島で生まれ育った私は、その存在を信じています。子ども時代の遊び場が海だったこともあり、面白い海の生物をいっぱい見てきました。海は広いし深いことを知っているし、何がいても不思議ではないと、今でも思っているのです。

さて、この弁当はターメリックライスにキーマカレーです。頭はポテトサラダにオブラートアート。クコの実とアスパラガスをトッピングしています(葉っぱは何だったか忘れました)。1本まるごと入っているタコの足ですが、裏に切れ目を入れて食べやすくしています。時々は、さりげない気遣いもしているのです。

Motif

ノルウェー近海やアイスランド沖に出現したと伝わる「海の怪物」。巨大なタコやイカに似た絵が多い。

Technique

- オブラートアート(→P011)
- ポテトサラダ(→P012)

2019年4月25日（1時間15分）

レレレのレ～弁当

いつかインターネットで見た「素麺で作るほうき」をやりたくて、レレレのおじさん弁当を作りました。ほうきの柄はプリッツで、その先に水溶き片栗粉で素麺を接着。その上に海苔を巻いて揚げています。朝の忙しい時にやる作業じゃないなと、思いながら。

さて、レレレのおじさん。何かの記事で読んだのですが、モデルになったのはお釈迦さまの弟子「周利槃特（チューラパンタカ）」だそうです。掃除好きのチューラパンタカにお釈迦さまは言いました。「塵をはらい、垢をのぞかん」と。そして、ただただ掃除をすることで悟りをひらき、阿羅漢にまでなった人だそうです。このエピソードだけでも『天才バカボン』という漫画が、いかに深い話なのかよく分かります。

Motif

赤塚不二夫の漫画「天才バカボン」に登場する、町を掃除しながら声かけ運動をする人。通称レレレのおじさん。

Technique

- オブラートアート（→P011）
- ポテトサラダ（→P012）

2021年3月27日(3時間)

ビッグフット弁当

新たにUMAをクリエイトする集団「UMA CREW PROJECT」に参加して、未確認生物「ビッグフット」の弁当を作りました。弁当はキーマカレーと大きな足型のナン。ビッグフットの顔はポテトサラダで、硬そうな毛は素麺を揚げたものを、ちまちまピンセットで刺して作りました。ちなみにシールまで手作りしています。

さて、ビッグフットというと、広島県人はすぐに「ヒバゴン」を思い出します。1970年、広島県庄原市(旧比婆郡)西城町の比婆山麓で謎の類人猿が目撃され、出没地にちなんで「ヒバゴン」と名付けられました。正体不明のまま目撃情報は途絶えましたが、未だに地元では愛されているUMAです。身長が1m60cmと、意外と小さかったのには、ちょっと驚きました。

Motif

「ビッグフット」は、アメリカ合衆国で目撃された未確認生物。体が大きく類人猿のような姿だと言われる。

UMA CREW PROJECT→

Technique

- オブラートアート(→P011)
- ポテトサラダ(→P012)
- ナンの弁当(→p15)

弁当箱

「弁当箱はどのくらい持っているの?」と、よく聞かれます。確かに増えました。いっぱい持っています。その中でも、使い勝手がよく、頻繁に登場する弁当箱は決まっています。
そんな弁当箱の一軍選手をご紹介します。

A 真四角の弁当

もともとは重箱として購入したものです。中が朱塗りになっており、額縁効果なのか弁当の見栄えもアップしたような気がします。

B 漆の弁当

漆描家・木工家 田中英一氏の作品。(P56) 自分のご褒美にお願いして製作してもらった弁当箱。ここぞ!という時に登場しています。

C ほぼ丼専用弁当箱

竹中の海外向け弁当箱「BENTO BOWL」です。この大きさでこの形。丼物がよく似合います。黒と白のコントラストが美しいです。

D 赤いプラスチックの弁当箱

アラジンのフードコンテナ。二重構造になっていて重くて大きめですが、このデザインと色は弁当が映えるので、ついつい使ってしまいます。

E シャケ弁専用曲げわっぱ

焼き鮭が丁度良い具合に収まるので、いつの間にかシャケ弁専用になってしまった弁当箱です。

F おしゃれなアルミの弁当箱

スケーターのシンプルなアルミの弁当箱。蓋が少し盛り上がっていて便利。軽くて丈夫でおしゃれ! 三拍子揃っています。

第11展示室

絶妙音感

ジョン・レモン弁当
ニック・ジャガー弁当
パンクタコ飯弁当
ボウイの月丼弁当
ジミ弁
見返りメドゥーサ弁当
宮殿チャレンジ弁当
ビリー・アスパラパスタ弁当
タートルネックの口元上げ弁当
ラスタめ〜ん弁当
27club弁当
愛しあってるかぁ〜い弁当

2018年10月10日（1時間15分）

ジョン・レモン弁当

「見かけは悪いけれど無農薬だよ」と、友人からスダチをいっぱいもらい、閃きました。最初にバラしてしまいますが、ジョン・レモンと言いながら、サングラスの部分はレモンではありません。同じ柑橘類ですが、スダチで作っています。どうか「それはインチキだ！」なんて、言わないでください。ジョン・レノンも『IMAGINE』で歌っています。「想像してみてください」と。本当はレモンで作りたかったけれど、レモンは大き過ぎたってことを……。

ちなみに、右下に入っているのは酢豚です。オットさんの大好物ですが、ジョン・レノンと酢豚……。そこになんの脈略もありません。もうひと捻りのアイデアが出てこなかっただけです。

Motif

シンガーソングライター、平和運動家のジョン・レノン。元ビートルズのメンバー。1980年12月8日死去。

Technique

- オブラートアート（→P011）

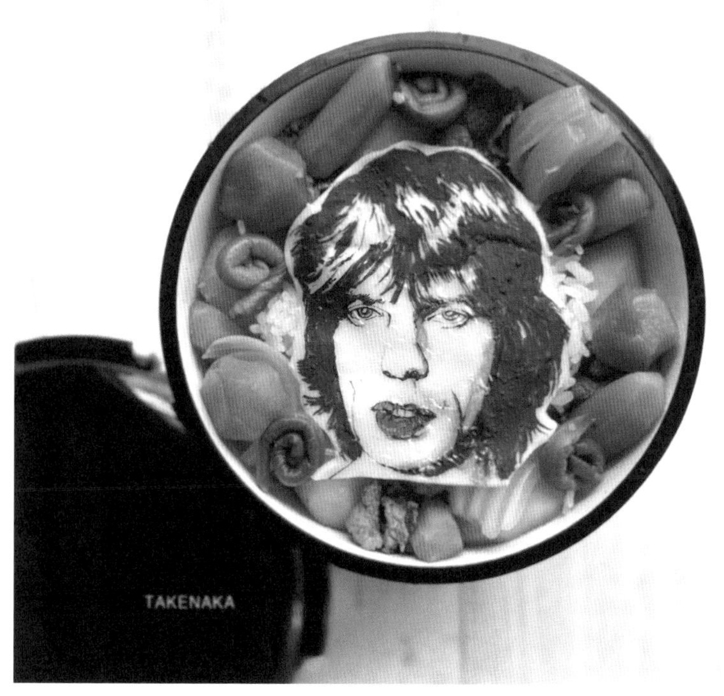

2020年8月25日（1時間15分）

ニック・ジャガー弁当

Facebookの友達であるT氏のダジャレをいただきました。普通の肉ジャガですけど、こんにゃくを石のように切り出したり、インゲンをくるくる巻いてみたり、ちょっと小細工をほどこしております。おかずは確かに肉ジャガだけですけど、煮えるタイミングと、味がしみこむタイミングに合わせて、時間差で鍋からあげています。弁当の大原則である汁気をきることも忘れていません。

さて、恋愛において「胃袋を掴め」とよく聞きます。私の時代は、その定番料理が肉ジャガでした。結局、男性が家庭に求めるのは刺激よりも癒やしなのだと言われ、家庭料理を突き詰めていた時期もあります。そして月日は流れ、たどり着いたのが、この弁当。刺激も癒やしもごちゃ混ぜに炊き込んだ、究極の愛の形です。

Motif

ローリング・ストーンズのボーカル「サー・マイケル・フィリップ・ジャガー」通称ミック・ジャガー。

Technique

● オブラートアート（→P011）

2020年6月15日（1時間15分）

パンクタコ飯弁当

山椒と唐辛子入りで、ちょっとパンチのあるタコ飯を弁当にしました。何よりもビジュアル的に、タコ足がポイントです。タコは、まず煮付けにしました。その煮汁と山椒オイルと塩でご飯を炊き、飾り用にタコ足の１本を残し、あとは刻んでご飯に混ぜました。それをお弁当箱に詰め、ご飯のキャンバスを作り、その上にパンクバンドのカリスマ「セックス・ピストルズ」のレコードジャケットを描いたオブラートを貼り、その周りを自家製の海苔の佃煮でベタベタと塗りました。さらに、裏に切れ目を入れたタコ足を飾り、糸唐辛子をパラパラっと。

さて、お弁当を作っていると海苔の切れ端が余ります。私は、それをある程度ためて佃煮にしています。弁当の見た目はパンクですが、作る人間はなかなか堅実です。

Motif

パンクバンド「セックス・ピストルズ」が、1977年にリリースした『ゴッド・セイヴ・ザ・クイーン』のアルバムデザイン。

Technique

- オブラートアート（→P011）

2020年8月4日(1時間15分)

ボウイの月丼弁当

写真家の鋤田正義氏が撮影したデヴィッド・ボウイの写真をモチーフに、塩漬け卵丼を作ってみました。塩辛いので、これだけでどんぶり一杯のご飯が食べられます。白米でも良かったのですが、色と味にちょっと変化をつけたかったので、ゴマ油で溶かしたターメリックと塩少々を混ぜて黄色にしました。ご飯とご飯の間に揚げ玉入りの高カロリーふりかけ「悪魔めし」を挟んでいます。

さて、卵の黄身の塩漬けですが、黄身を１日塩漬けした後、表面を水洗いし、低温のフライパンに置いて表面を乾かしています。少し固まりましたが、思い通りの感じになりました。どんな味なのかはオットさんに聞いてみましたが、「まあ、普通」と言われました。う〜ん、普通ではないと思うのですが……。

Motif

「デヴィッド・ボウイ」の名で知られるミュージシャン。俳優の他、マルチな活躍をしたアーティスト。グラムロックの先駆者として台頭し、ポピュラー音楽の分野で世界的に有名。

Technique

- オブラートアート(→P011)

2020年8月14日（1時間15分）

ジミ弁

タイトルに「ジミ」と書いてありますが、そうでもないカツ丼弁当です。しかも、描いた人物もまったく地味ではない"ジミヘン"ことジミ・ヘンドリックス。顔は、ご飯にオブラートアート。髪の部分にトンカツをのせています。そして、スープジャーにタレを入れて持って行ってもらいました。

ジミヘンはずいぶんと昔に亡くなったミュージシャンですが、幅広い年齢層に愛されています。私は後追いで聴いてはいますが、この原稿を書きながら、それほど聴いていないし、知らないから語れないと思いました。オットさんにも聞いてみましたが、「語れんな」と言いました。ビッグすぎるし、熱狂的なファンのことを思うと軽はずみには語れません。ジミヘンはそんなミュージシャンです。

Motif

ギタリスト、シンガーソングライターのジミ・ヘンドリックス。日本では「ジミヘン」の愛称で呼ばれる。

Technique

● オブラートアート（→P011）

🕒2020年7月7日(2時間)

見返りメドゥーサ弁当

YMOのジャケ弁(レコードジャケット弁当)を作りました。あまりに大きな存在なので、語るべき言葉が見つからないのですが、デビュー当時、本当にカッコよかったし、相当憧れました。

さて、このジャケットを再現しようと思ったのは、見返りメドゥーサの髪を、パスタで表現できると閃いたからです。弁当には無着色のパスタと赤、黄、黒で着色したパスタを使いました。これだけで、他が雑でもそれっぽく見えるものです。ご飯の下には鯖のそぼろが入っています。青く着色したご飯を敷き、スライスチーズとオブラートアートでそれぞれの部品を作り、一つ一つ組み立てました。あまりにも面倒臭く、時間がかかったので、オットさんを送り出した後、私は放心して石のようになってしまいました。

Motif

細野晴臣＋高橋幸宏＋坂本龍一のバンド「イエロー・マジック・オーケストラ」のデビューアルバムのデザイン。

Technique

- オブラートアート(→P011)
- 麺類の弁当(→P014)

🕒2020年10月14日（1時間30分）

宮殿チャレンジ弁当

前々から作ろうと思っていた『クリムゾン・キングの宮殿』のジャケ弁に挑戦しました。今まで何人かの人が、この弁当を作られています。ですから、せめて皆さんとは食材がかぶらないように、生ハムで作ってみました。候補としてスモークサーモンもあったのですが、生ハムの方が"生々しさ感"が増し、不気味になるかな、と思ったのです。

さて、鼻と口はポテトサラダで作りました。眼球と歯はパキッとした白を表現したかったので、ゆで卵の白身を使いました。パッと見るとギョッとする弁当ですが、オットさんはこのジャケットのことをよく知っているので大喜び。皆さんが懸念されている通り、オットさんの感覚はずいぶんおかしくなってきていると思います。

Motif

キング・クリムゾンのファースト・アルバム「クリムゾン・キングの宮殿」のアルバムデザイン。

Technique

- オブラートアート（→P011）
- ポテトサラダ（→P012）

🕒2020年9月24日(1時間15分)

ビリー・アスパラパスタ弁当

オットさんのリクエストに応えて、ビリー・アイリッシュをモチーフに、弁当を作ってみました。前夜にパスタを茹でて、グリーンの食紅を入れた水の中に入れ、ジップロックにストローをさして、手動真空パックにして冷蔵庫に。そして、ビリーの顔をオブラートに描きました。当日は、イカスミスパゲティとアスパラガスを茹でて、極辛のトマトソースを作りました。仕上げはパスタを弁当箱に入れて、顔はスライスチーズにオブラートアート。それをパスタの上に置き、前夜に作った黒とグリーンのパスタで髪を表現しました。

オットさんが好きな女性アーティストはちょっとエキセントリック。そんな人でなければ、私なんか選ばなかっただろうな……と、いつも思います。

Motif

史上最年少でグラミー賞を受賞したアメリカの女性シンガーソングライター、ビリー・アイリッシュ。

Technique

- オブラートアート(→P011)
- 麺類の弁当(→P014)

2020年9月23日（1時間30分）

タートルネックの口元上げ弁当

　いつも行くスーパーで、山陰から直送のマツバダコを発見。マツバダコはぬめりが控えめなので、下処理も簡単です。さっそく煮付けにしました。3匹で、足が24本。この足を生かして弁当を作ってみました。タコを煮た出汁でご飯を炊いて、炊き上がったご飯にシソとすりゴマを混ぜました。モチーフにしたのは、King Gnu（キングヌー）の常田大希さん。顔は、スライスチーズにオブラートアート。髪は大量のタコ足で作りました。

　さて、この弁当の元になった常田さんの写真ですが、久しぶりにタートルネックの口元上げで、絵になる人を見ました。某クリニックの雑誌広告で定着したこのポーズですが、それをあえてするというところがカッコいいし、私は猛烈な勢いを感じています。

Motif

マルチな音楽クリエイター、常田大希。バンド「King Gnu」、音楽集団「millennium parade」で活動。

Technique

- オブラートアート（→P011）

●2019年7月16日（1時間15分）

ラスタめ〜ん弁当

ボブ・マーリーで、冷やし中華を始めました。ある日、冷やし中華の彩りがラスタカラーだということに気が付きました。カニカマの赤、薄焼き卵の黄色、キュウリの緑。ボブ・マーリー好きの店主がやっているカレー屋さんが、夏限定で出したらどうだろう……と、妄想しています。

肝心の弁当ですが、具の下には普通の中華麺。ボブの顔はチーズにオブラートアート。髪はGABANのイカスミスパゲティを使っています。実は私、ボブと誕生日が一緒なのです。好きというわけではありませんでしたが、それを知ってからは、家事をする時に、よく聴くようになりました。いつも聴いていたので、何曲か歌えるようにもなりました。アラ還になって歌うボブ・マーリー。レゲエには聞こえませんけど……。

Motif

ジャマイカ出身のレゲエミュージシャン、ボブ・マーリー。すべての活動はラスタファリ思想が背景にあるといわれている。

Technique

- オブラートアート（→P011）
- 麺類の弁当（→P014）

🕒2021年4月1日(1時間15分)

27club弁当

エイミー・ワインハウスをモチーフに、ニンジンと菜の花のナポリタン弁当を作りました。味付けはケチャップとハリッサ。顔は卵の白身とお好み焼き粉を水で溶いて焼き、それにオブラートアート。髪は、イカスミスパゲティです。薔薇の花はポテトサラダで絞り出しに初挑戦しました。

さて、音楽業界には「27club」という言葉があります。夭折のスターは27歳で亡くなった人が多いというもの。ジミ・ヘンドリックス、ジャニス・ジョプリン、ジム・モリスンと同様に、エイミーも27歳で他界しました。だから、彼女が亡くなった時も27clubという言葉が飛び交い、ザワザワしましたっけ。そう、人は偶然に何か理由をつけたいものなんですよね。

Motif

イギリスのシンガーソングライター、エイミー・ワインハウス。2011年7月23日死去。享年27歳。

Technique

- オブラートアート(→P011)
- ポテトサラダ(→P012)
- 麺類の弁当(→P014)

2019年4月19日(1時間15分)

愛しあってるかぁ〜い弁当

大好きな忌野清志郎さんを、シャケ弁にしてみました。この弁当を作っていて、ふと気づいたのですが、「忌」という字は己の心と書くのですね。そんな名前をつけた彼のセンスが素敵すぎます。

さて、このシャケ弁にたくさんのコメントをいただきました。大好きな人がいっぱいいるんだな……と実感しましたよ。その中に、大手レコード会社から出せなかった伝説のアルバム『ザ・タイマーズ』の『デイ・ドリーム・ビリーバー』について教えてくれた人がいて、あの歌は、実はお母さんの歌だってことを知りました。 改めて聞いてみると声が流れた瞬間にブワ〜と涙が溢れてきて、涙腺が決壊。そしてどこからか、「愛しあってるかぁ〜い」って声が、聞こえてきたような気がしました。

Motif

伝説のロックバンド「RCサクセション」を率いるなど、ロックスターとして活躍した「忌野清志郎」。

Technique

● オブラートアート(→P011)

動く弁当

数年前から私は弁当動画を作って投稿するようになりました。レシピ動画でもなければ、詰め詰め動画でもありません。弁当自体が動くのです。それによって気持ち悪さや可愛さが増し、ますます食べにくく見えるようになったと思います。そう、私の好奇心も前衛弁当の進化も止まらないのです。

1 Mug Life（有料版）

顔に表情をつけるのに使っています。写真を取り込み、顔のパーツポイントを補正し、顔を動かすだけで表情がつけられます。

2 写真プルプル（無料）

写真を取り込んで動かしたいところを指でなぞり範囲を指定して、揺らすだけのアプリ。揺れるパターンはいくつかあります。

3 motionleap（有料版）

静止画の写真から動画を作れるアプリ。サブスクの有料版ですが、動画風に加工することや、エフェクトを加えることができて、かなり遊べます。

4 vllo（有料版）

動画の編集はもちろんですが、フォントや音楽、スタンプなどの種類が豊富。とても使いやすい編集アプリです。

5 Cap Cut（無料）

加工機能、編集機能が豊富で、簡単にかっこいい躍動感のあるスライドショーなどを仕上げることができます。

第12展示場

シュール・シャケリスム

叩けば埃だらけだぞ弁当
西の女帝弁当
オモロく生きたい弁当
地獄を見たことねぇだろ弁当
母親目線弁当
長女のぼやき弁当
アベノマスク弁当
おさきに弁当
あらいやだ弁当
目力弁当
人間国宝弁当
不器用ですから弁当
仕事じゃねぇんだぞ弁当
規格外弁当
肩もみしましょう弁当

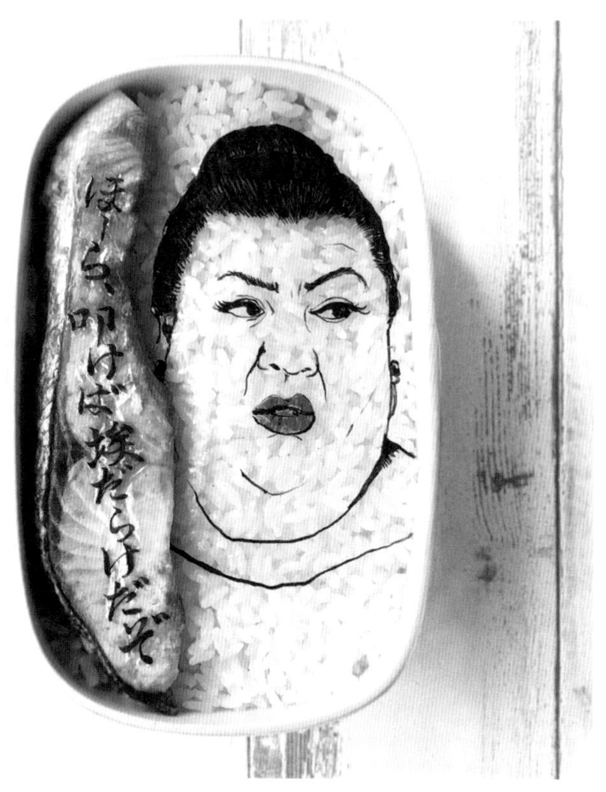

2018年10月5日（1時間30分）

叩けば埃だらけだぞ弁当

毎週金曜日に作っているシャケ弁です。ご飯の上に似顔絵、鮭の上に、何かしら引っかかる文章を書いています。このお弁当の似顔絵はすぐ分かるでしょうが、マツコ・デラックスさん。

「似顔絵と文字は海苔ですか？」と、よく聞かれますが、残念。違います。オブラートに食用の炭パウダーを水で溶かして描き、食品に貼っています。実は、描く作業よりも貼り付ける時に、よく失敗します。ちょっとした蒸気や湿気により、オブラートがクシャッとなったり、思わぬところにくっついたりするのです。ですから、息を殺して真剣勝負をしています。さて、余談なのですが、このシャケ弁をインスタグラムに投稿したところ、恐ろしいほどフォロワーが増えました。叩けば埃が出る私としては、正直ビビりました。

Motif

個性的なビジュアルやトークスキルが際立つマツコ・デラックス。タレントとしてマルチに活躍。

Technique

- オブラートアート（→P011）

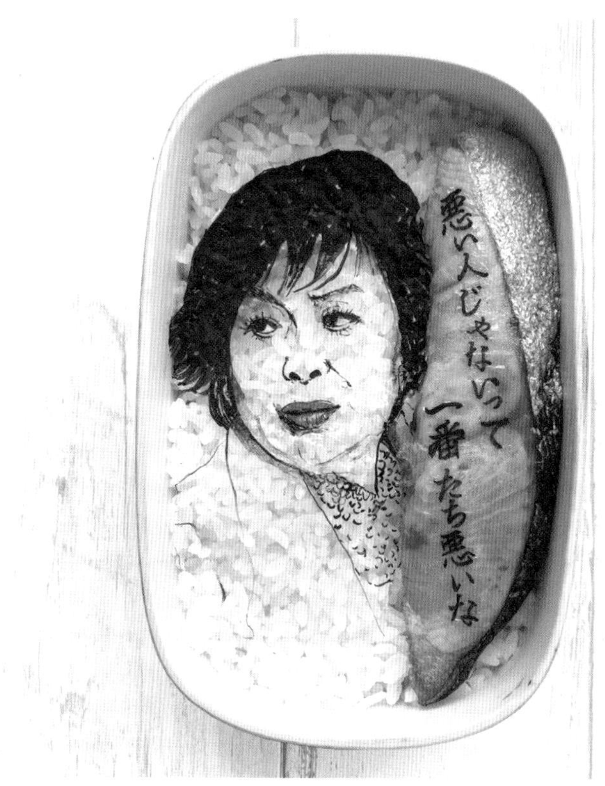

2020年8月28日（1時間30分）

西の女帝弁当

上沼恵美子さんを描きました。ちょっと前に、オットさんがカフェに行ったところ、隣のテーブル席に座った４人のお姉さま方が、そこにいないPTA役員さんのことを、ズバズバと言葉で切り倒す様子を目の当たりにし、「上沼恵美子が４人おる！」と、目を丸くしていました。今さら何を驚くのか。むしろ、そっちの方が驚きなんですけど……。

ちなみに、PTA役員の中のワケもなく偉そうな「女帝たち」。子どもの卒業とともに役員を引退すると、途端に普通の人に戻っていますよね。あれ、何なのでしょうか。その点、上沼恵美子さんの女帝ぶりは不動です。しかも、このキレッキレの言葉。激しくヘッドバンキングします。

Motif

圧倒的な安定感でタレント、司会者などで活躍する上沼恵美子。関西で絶大な支持を集めている。

Technique

● オブラートアート（→P011）

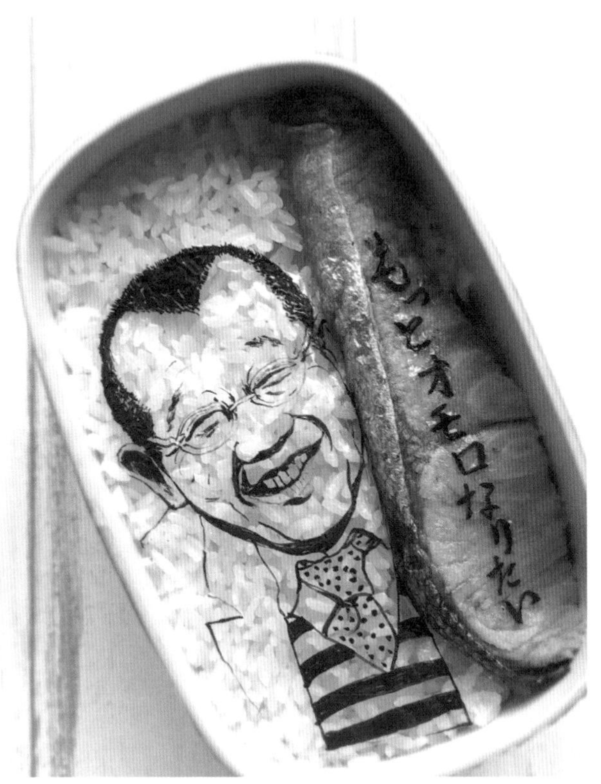

2019年9月27日（1時間30分）

オモロく生きたい弁当

笑福亭鶴瓶さんを描きました。木曜日の夜中、誰をシャケ弁に描こうかと本当に悩みます。毎回、ウンウン唸っています。ネタをストックしていれば良いですが、ほとんどの場合、追い詰められて、追い詰められて、やっとアイデアが出るものです。ですから、笑福亭鶴瓶さんのこの言葉を見つけた時には、感動しました。

大御所と言われるすごい人でも、こんな風に思うのですね。大好きで、いくらでも続けられること。それを生業にしてしまったら、そこからは弛まぬ努力を続けなければなりません。私のような者でもそれは同じ。これからも、ずっとあくせくしながら生きていくわけですが、それすらもオモロいと思えなければ、続けていけないのだと思いました。

Motif

落語家の笑福亭鶴瓶。落語の他、タレント、司会者、俳優などマルチに活躍する国民的芸人。

Technique

● オブラートアート（→P011）

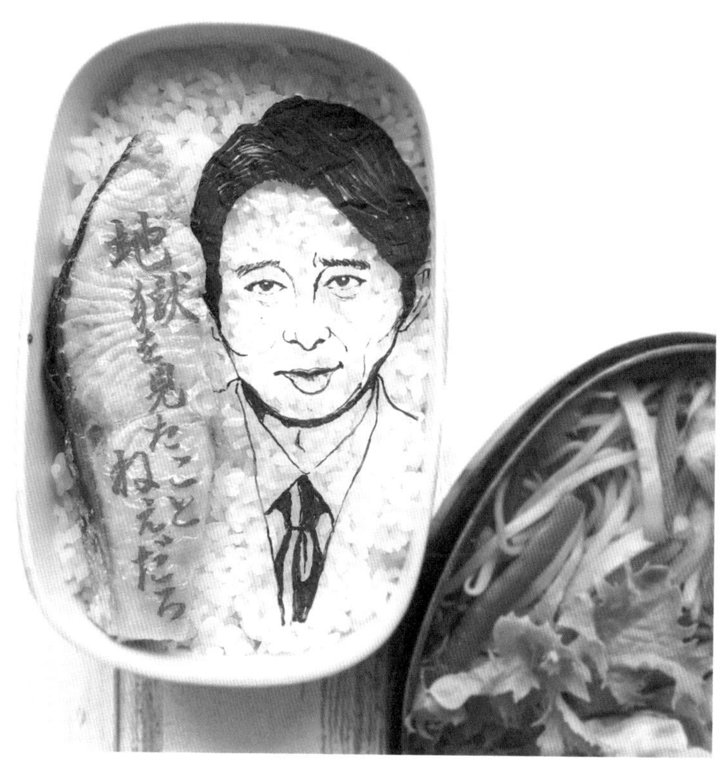

2019年4月26日(1時間30分)

地獄を見たことねぇだろ弁当

有吉弘行さんを描きました。有吉さんが広島出身ということもあり、「進め！電波少年」のヒッチハイクの旅企画からずっと見ていました。大ブレイクしたとはいえ、本当に苛酷な旅。まさに、地獄だったと思います。

しかし、帰国後はお笑いで結果を残すことができず、ほどなくして人気は低迷し、仕事が激減。それは、さらに地獄だったと思います。だからというわけではありませんが、この言葉に深みと説得力がありますし、芸能界の厳しさを思い知らされます。

私は地獄を見なくて済むなら、それに越したことはないと思っていますが、振り返ると、地獄の手前くらいでなんとか引き返しているから、一事が万事「惜しい」のかもしれないな……と、思います。

Motif

かつて「一発屋」と言われたお笑いタレント有吉弘行。"毒舌"で再ブレイク後、多数のレギュラー番組を持ち活躍。

Technique

● オブラートアート (→P011)

2020年12月11日(1時間30分)

母親目線弁当

松坂桃李さんを描いていて思ったことですが、本当に整ったお顔をされています。このシャケ弁を作ったのは、師走の超繁忙期。心がふさぎがちだし、体力的にも限界に近いし、疲労もピークだったので、シャケ弁は自分の癒やしのためにイケメンを描こうと決めました。

そして、飛び込んできた松坂桃李さんの結婚のニュース。母親目線で、私も喜びました。加えて、結婚報告も素敵でした。文面に「責任と覚悟を」という言葉がありましたが、甘くふらふらしていない感じに、好感が持てました。そう、私が言うことではありませんが(言いますが)、結婚生活は辛抱です。「頑張って！」と、祝福だけではない気持ちが私のようなおばちゃんから多く寄せられたと思います。本当に余計なお世話ですね。

Motif

話題作でさまざまな役柄を演じる実力派俳優の松坂桃李。2020年、女優戸田恵梨香との結婚を電撃発表。

Technique

- オブラートアート(→P011)

2021年3月19日(1時間30分)

長女のぼやき弁当

TBSで放送されたドラマ『俺の家の話』で、長女役の江口のりこさんを描きました。ドラマの中では、圧巻のキレっぷりにMe Tooボタンを連打してしまいました。私は長女。そして、長男の嫁。ゆえに、なんだかんだで家族の呪縛が強めでした。

しかし、半世紀たったある日、それが吹っ切れてしまったのです。まわりが……とか、世間が……とか、そういう言葉で理想論を押し付けられることが多いですが、いやいやいやいや。私は世間なんて気にしないし、「たかがそれだけの理由かよ！ ダメな娘、ダメ嫁で結構！」と、そう思えたのです。本当は心の底から今までの鬱憤をこめて啖呵を切りたいところですが、言葉に出さない代わりに、勝手にやらせてもらっています。

Motif

多様な役柄を演じ分ける実力派女優の江口のりこ。独特なキャラクターで注目を集めている。

Technique

● オプラートアート (→P011)

2020年4月24日(1時間30分)

アベノマスク弁当

ゆりやんレトリィバァさんのドラえもんを描きました。マスク不足が少し落ち着いた時に、政府から小さなマスクが送られてきました。あのマスクに「助けられた！」という人もいたかもしれませんが、私には、なんだかドラえもんのポケットから出てきた、ちょっとズレたお助けグッズに思えてなりませんでした。

同時に「アベノマスク」という言葉が流布しましたが、その言葉に込められた絶妙なニュアンスを即座に感じ取り、それを共有しはじめる国民のセンスに、明るい未来を感じています。なんでも政府批判するのは違うと思うし、政府批判を間違っているというのも、何だかなと思います。でも、あの時のアレは間抜けだったよねってことは、ちゃんと伝えていいと思います。キャッチーな言葉にして。

Motif

お笑い芸人ゆりやんレトリィバァ。「R-1グランプリ2021」で優勝するなど実力派として注目を集める。

Technique

● オブラートアート(→P011)

2018年9月16日(1時間30分)

おさきに弁当

樹木希林さんがお亡くなりになった時、このシャケ弁を作りました。以前、希林さんが、とある記事で「難の多い人生はありがたい」と言われていました。まさに、「有難い」という言葉は難が有ると書くのです。

それは、お釈迦さまのエピソードから来ています。弟子のダイバダッタが邪魔ばっかりするので、さすがのお釈迦さまも頭を抱えたそうです。そんなある日、お釈迦さまは「ダイバダッタは自分が悟りをひらくために難を与えてくれているのだ」と、悟るのでした。

人というのはできれば難を避けたがります。ですが、成熟するための有難いことなのだと、希林さんはおっしゃっていました。なんだか心に残るお話でした。ご冥福をお祈りします。

Motif

女優の樹木希林。「生きるのも日常、死んでいくのも日常」と仕事を続け、2018年9月15日自宅で死去。

Technique

● オブラートアート(→P011)

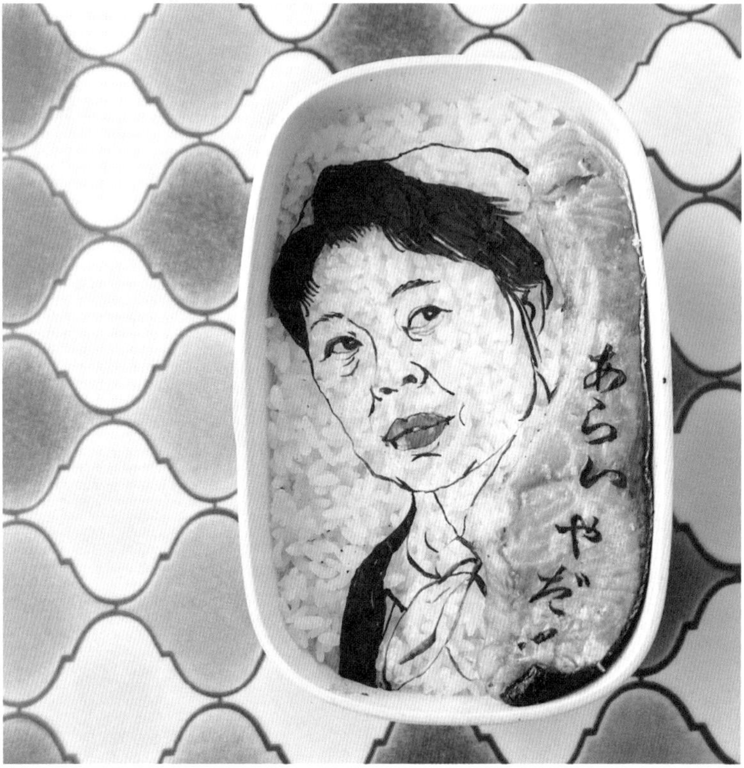

2018年8月3日（1時間30分）

あらいやだ弁当

元祖『家政婦は見た！』の市原悦子さんを描きました。この弁当を作った時、画期的なものを手に入れました。シャケ弁のオブラートアートに必要な筆。それまで、いろいろな筆を試してみました。最初の頃に使っていた面相筆は、はじめのうちは良かったのですが、すぐに根元に竹炭パウダーが入り込んでダメになる、毛先が持たないなどの問題がありました。そんなことを、名村大成堂に勤めている親戚のやすしくんに相談したところ、細い筆をたくさん持ってきてくれたのです。

その中の「SK-Meteor」という筆（P142）と相性が良かったので、今でも使っています。ほうれい線から髪の毛まで、細かい線がすっと描けます。その上、耐久性も抜群。前衛弁当を作る上で、道具選びは大事なのです。

Motif

女優の市原悦子。テレビドラマ『家政婦は見た！』に主演。「あらいやだ」は、劇中の決め台詞。

Technique

● オブラートアート（→P011）

2019年11月15日（1時間30分）

目力弁当

市川海老蔵さんを描きました。この鮭の上の言葉は、市川海老蔵さんの言葉ではなく、ガンジーの言葉です。偉人の言葉には、本当に力と説得力があります。しかし、この言葉に負けていないのが海老蔵さんの目力。これで一流の人同士の時空を超えたコラボが、完成しました。

急に私事になりますが、この弁当を作った時、大掃除の必要性が迫られており、我が家史上最悪に荒れ果てていました。そして、私の目は開いているのか開いていないのか、それさえもはっきりしない力のなさでした。今にも人をダメにするソファーに寝転びたいと思っていましたが、それを許さない目力の迫力に重い腰が上がり、ちょっとだけ片付けました。明日死んだら、恥ずかしかったですから。

Motif

歌舞伎の総本山「市川宗家」として活躍する市川海老蔵。実力、人気ともに宗家にふさわしい逸材。

Technique

● オブラートアート（→P011）

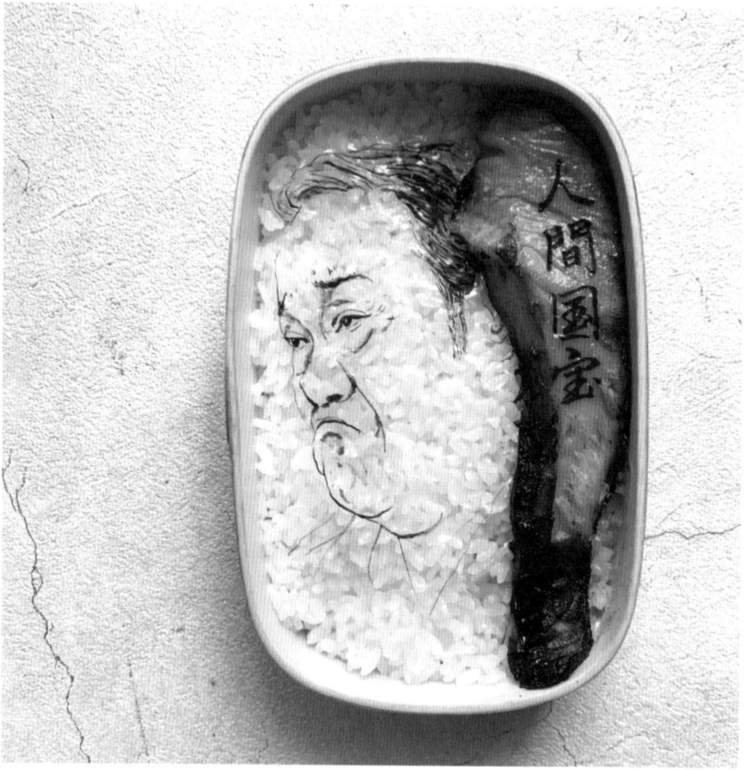

●2021年2月5日（1時間30分）

人間国宝弁当

西田敏行さんを描きました。長瀬智也さんが主演、クドカン脚本のTBSドラマ『俺の家の話』を、毎回観ていました。介護問題や親子関係、遺産相続、後妻業と、笑いの中に笑えない問題がてんこ盛りで描かれていて、1話たりとも見逃せませんでした。

中でも能楽の人間国宝「観山寿三郎」役の西田敏行さんが、とにかく凄くて驚きました。俳優としても素晴らしい演技でしたが、自らの老いさえも芸の肥やしにする貪欲さに、衝撃を受けました。特に毎回登場するシャンプーハットをかぶった入浴シーンでは、体を張っているな！と思ったものです。このドラマの中では、役として人間国宝でしたが、西田敏行さんこそが人間国宝だ！と、私は今でも思っています。

Motif

映画・ドラマ・舞台で数多くの作品で主演を務める西田敏行。代表作『釣りバカ日誌』は、シリーズ全22作品。

Technique

●オブラートアート（→P011）

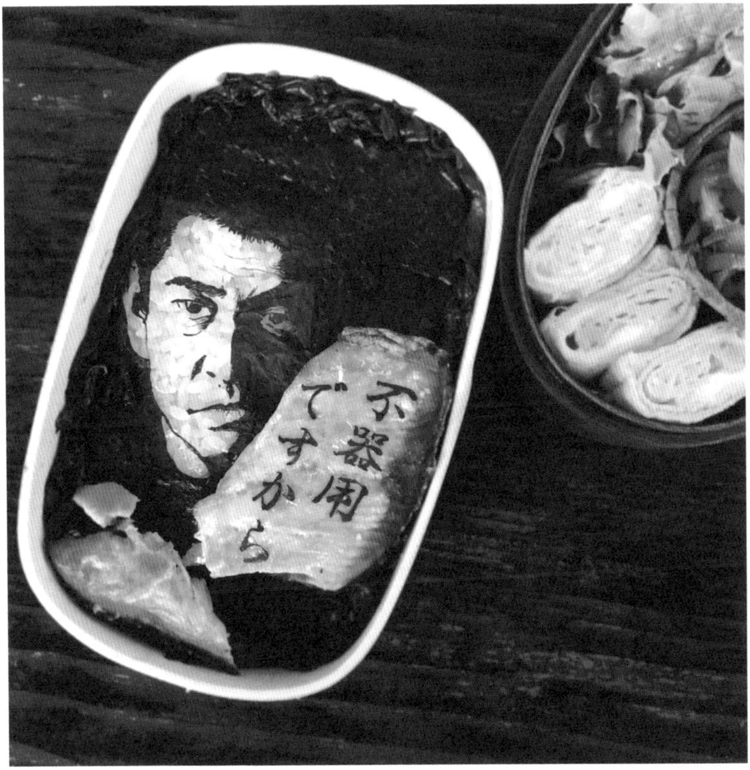

2019年3月22日(1時間30分)

不器用ですから弁当

高倉健さんのシャケ弁を作ってみました。この日は、鮭の皮がグリルにコゲついてしまい、鮭が崩壊。そこで、健さんに究極のセリフを言ってもらい、事なきを得ました。いつもはアイデアや似顔絵のストックを持たない(持てない)私ですが、この時は、たまたま……健さんを描いた翌朝、寝坊をして弁当が作れず、似顔絵オブラートが残っていたので救われました。

さて、不器用な男の哀愁といえば、お弁当を食べる人もそんなお年頃です。哀愁というか……加齢臭というか……いろんなものを醸し出しています。弁当を食べる時は、工場の事務所で背を丸めて一人で食べています。蓋を開けて驚いても一人。笑っても一人。しんみりしても一人。不器用ですから。

Motif

寡黙で一本気な「日本の男」を演じた俳優の高倉健。「自分、不器用ですから」はCMで語ったせりふ。

Technique

● オブラートアート (→P011)

2021年4月16日（1時間30分）

仕事じゃねぇんだぞ弁当

タモリさんを描きました。割と最近作った弁当なのですが、この弁当を作る前に「タモリさんの弁当がよかった」とよく言われました。それまで一度も作ったことがないので、とても不思議だったのですが、そんなことを言われるのはタリさんだけです。何か特別なパワーがおありになるのでしょう。

さて、若い頃、「三昧」という言葉を教わりました。仏教的にはすごく深い言葉らしいのですが、「一心不乱に事をするさま」「むやみやたらにしたがるさま」と辞書には書いてあります。「そういう境地に達するまで仕事をしてみろ！！」と言われたのですが、仕事だと思うとそこまで頑張れませんでした。案外「仕事じゃない」と思った方が、人間は頑張れたりするものなのかもしれません。

Motif

お笑いビッグ3の一角を担うタモリ。「生放送単独司会世界最高記録」としてギネスに登録されている。

Technique

● オブラートアート（→P011）

2021年1月22日(1時間30分)

規格外弁当

存在感が規格外の渡辺直美さんを、弁当からはみ出す勢いで描きました。さて、私の誕生日は２月６日。１月の後半になると「お誕生日特典」と書かれたDMが届くようになります。そして、そこで自分の年齢を知ることになり、必ず驚くのです。狐に化かされたか、宇宙船に連れ去られて記憶を消されたかと思ってみたのですけど、どうやらこれは現実らしいです。

そう、私はアラ還。日頃あまり年齢を意識していませんが、10年単位の節目は正直無視できません。なんだかんだジタバタしてしまいます。ですがその反面、ここまできたら年齢なんて気にせず、少しわがままになってもいいのかなと思います。どう考えても、私も規格外なのですから。

Motif

お笑いタレントとして幅広い活動を続ける渡辺直美。活動拠点をアメリカに移し、現在ニューヨーク在住。

Technique

● オブラートアート(→P011)

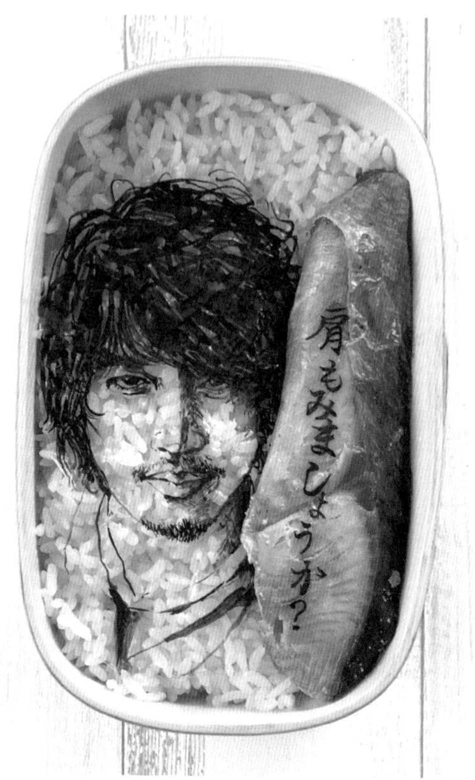

2020年12月4日（1時間30分）

肩もみしましょう弁当

斎藤工さんを描きました。女性500名に聞いた「肩こりアンケート」で、「肩揉みしてほしい男性芸能人ランキング」２年連続１位なのが、斎藤工さん。私ももれなく一票入れたいと思います。

私の肩は常に岩のようにガチガチです。力と優しさのある斎藤工さんに揉みほぐされたい……そう強く思っているのは、私だけではないでしょう。しかし、それは叶わぬ夢。ですから息子が買ってくれたお風呂で使える首のマッサージ機でほぐすことにします。そしてお風呂から出たら、これも息子がプレゼントしてくれた目のマッサージ機で癒やされます。息子は親の欲目から言いますが、贈り物のセンスが良いです。オットさんには息子の爪の垢を煎じて飲ませたいくらい……。

Motif

ドラマや映画、雑誌やCMなどでも活躍する俳優の斎藤工。映画『blank13』では監督デビュー。

Technique

● オブラートアート（→P011）

第13展示室

弁クシー

Girl with Balloon弁当

Japanese Game Changer弁当

UMBRELLA RAT弁当

Maid Sweep弁当

The flower Thrower弁当

2018年1月7日(1時間15分)

Girl with Balloon 弁当

バンクシーの『風船と少女』を弁当にしてみました。この作品はステンシル・グラフィティ作品の中でも、とりわけ有名なシリーズで、同じデザインを少し変化させながら、さまざまな場所で描いています。私の弁クシーシリーズでは、まず最初に赤い風船を梅干しに変えて作ってみました。そして、風で飛んでいく風船に向かってM・ジョーダン顔負けのジャンプをして、見事に風船を掴む弁当を作りました。そして、最後にオークション会場で大事件になった、シュレッダーにかけられた絵をモチーフに弁当を作りました。三部作はこれにて完結。そう、バンクシーが作品を作り続け、話題になっていくかぎり、私の弁クシーも続きます。次は何が登場するでしょうか……。私も楽しみなのです。

Motif

「Girl with Balloon(風船と少女)」は2002年からバンクシーがはじめたステンシル・グラフィティ作品シリーズ。風で飛んでいく赤いハート型の風船に向かって手を伸ばしている少女を描いたものである。2018年には、ロンドン・サザビーズのオークション中にしかけられた機械によってズタズタに切り裂かれたことでも有名。

Technique

● オブラートアート(→P011)

自力でつかめバージョン

2019年5月3日(1時間15分)

Technique

●オブラートアート(→P011)
●ポテトサラダ(→P012)

2018年10月23日(1時間15分)

Technique

●オブラートアート(→P011)
●麺類の弁当(→P014)

シュレッダーでズタズタバージョン

2020年5月11日(1時間15分)

Japanese Game Changer弁当

　バンクシーが医療従事者をたたえる新作『Game Changer』を発表しました。それを見た私は、日本人版をどうしても作りたくなったので、さっそく弁当で表現。自分なりに尊敬と感謝を込めて、細部にこだわって作ったので、本物のバンクシー作品と見比べるとその違いを楽しむことができると思います。

　さて、バンクシーの作品の素晴らしさは、風刺や提言だけで終わらせないところにあります。例えばこの作品の場合、寄贈した病院内でしばらく展示した後、オークションに出品し、落札されたお金を寄付したそうです。その一連の行動も含めて一つの作品になっています。本当に素晴らしい。私も弁当写真をパネルにして、皆さんに見てもらっていますが、そこから先がありません。弁クシーは、まだまだ成長過程ですね。

Motif

ロックダウン中のイギリスでバンクシーが発表した『Game Changer』。看護師の人形を手にした子どもを描いた作品は、サウサンプトン病院で展示されたのち、オークションにかけられ、約25億円(1675万8000ポンド)で落札。その収益はNHS(国民保健サービス)に寄付された。

Technique

- オブラートアート(→P011)

●2020年1月23日（1時間15分）

UMBRELLA RAT弁当

東京都で発見され、撤去された「バンクシー作品らしきネズミの絵」をモチーフに弁当を作りました。その後、どうなったのかは私は知りませんが、この弁当で一番作りたかったのはバンクシーのネズミではなくて、コンクリート塀です。これはいつものポテトサラダに、すりゴマと食用の竹炭パウダーを混ぜました。それをラップの間に挟み、麺棒で平らにし、お弁当箱の形に切ります。弁当に設置後、筋目を入れ、丸いもので凹ませます。形ができたら、割れ目やシミ、影などを水で溶かした竹炭で描き込み、最後に歯ブラシと網を使ってスパタ模様をつけます。ここまで頑張りましたが、心残りが……。それは表面のザラザラ感。それができていれば完璧だったのに、と今でも悔やんでいます。

Motif

2019年、東京で発見された「バンクシー作品らしきネズミの絵」が話題となった。真偽は問われているが、「この騒動すべてがバンクシーの作品と呼べるのではないか」という指摘もある。その後撤去され、現在は日の出埠頭2号船客待合所に展示されている。

Technique

●オブラートアート（→P011）
●ポテトサラダ（→P012）

🕒2021年3月30日(1時間15分)

Maid Sweep弁当

バンクシーの『Maid Sweep』をモチーフにオムライス弁当を作りました。オムライスのオムの部分は、卵の白身とお好み焼き粉を水で溶いて焼いて、クレープ風にしたものにオブラートアートしています。それを、弁当に入れたケチャップライスにのせ、さらにナイフを使って薄焼き卵の端を丁寧に弁当の奥に入れ込んでいったのですが、ちぎれやすいので、泣きそうになりました。いや、たぶん泣きました。

さて、このメイドさんの顔。人に見られたらまずいけれど、いつも当たり前に隠している風情ですね。一体何を隠しているんでしょうか？この絵を見ていると、なんだか自分が皮肉られているような気持ちになります。そう、探せば誰だって、壁の向こう側に隠したい後ろめたさの一つや二つありますから。

Motif

掃除中のメイドが、集めたゴミを隠そうとしている姿が描かれたもの。周りをうかがうような目つきと慣れた手つきで壁をめくっている様は、誰もが持っている「何かを隠したい気持ち」を想起させる。

Technique

● オブラートアート(→P011)

🕒2018年1月29日(1時間15分)

The flower Thrower弁当

寒い朝に、この弁当を作りました。2作目の弁クシー弁当です。覆面をした男が何かを投げようとしているところですが、よく見ると、それは火炎瓶ではなく花束。紛争の最中でも、武器ではなく「愛」を持つことこそが平和への道というメッセージなのでしょう。

さて、この弁当はご飯の下におかずが隠れています。卵焼きとベーコン、そして佃煮……。普通のおかずです。しかし、寒い時は、すっかり冷えているだろうから、温かいお味噌汁をスープジャーに入れて持たせました。背中を丸めて出かける姿を見送りながら、「弁当を手渡す」という愛のある日常が、世界中に広がったら良いのに……と、思いました。弁当は愛と平和の象徴。投げつけるのではなく、丁寧に手渡して届けるものです。

Motif

『The flower Thrower(花束を投げる男)』というタイトルで知られているこの作品は、イエス・キリスト生誕地として知られる、ベツレヘムの街のガソリンスタンドの裏側の壁にあり、火炎瓶の代わりに花束を投げ込もうとする若者が描かれている。

Technique

● オプラートアート(→P011)

閉館のごあいさつ

本書を手にとってくださった あなた。
いつも前衛弁当を応援してくれる あなた。
この本を出版するにあたり協力してくださった皆さま。
そして愛すべき家族。
まずは、心からお礼を言わせてください。

ありがとうございます。

私はつくづく思っています。人生とは面白いものです。コツコツと何かを続けることが苦手。さらに早起きも苦手。そんな私が二十数年と弁当作りを続け、本を出版することになった……。実はそのことに一番驚き、喜んでくれたのが私の両親です。「親孝行は生きているうちに」とよく言いますが、何度も死にかけては生還してくれた父にこの本を手渡せること。それが私の一番の喜びです。

1964年2月6日。私はこの世に誕生しました。人生振り返れば、恥ずかしいことばかりで褒められたものではありませんが、ずっと笑っていられたのは家族の愛情のおかげです。そう、ずっと支えてくれた夫。そして、得難い経験を与え、無私の愛を教えてくれた息子。彼らの存在を抜きに今の私は語れません。そんな二人に向けた過剰で逸脱気味のラブレターが、前衛弁当です。そこに照れや駆け引きはありません。普通なら、そこで一歩引いてしまうところ、「本にしましょう」と口走ってしまった株式会社ザメディアジョンの堀友良平さんには、「あの時なぜそんなことを？」と聞いてみたいところです。

そして、数年にわたり、私の夢に付き合ってくださったサンクチュアリ出版の金子仁哉さんの辛抱強さには、ただただ感動です。出版するにあたり、ウッドワン美術館の学芸員の皆さんには、最後の最後まで多大なるご協力をいただきました。

そんなたくさんの奇跡的な出会いのおかげで、この美術館を開館することができました。心からの感謝と愛情を込めてもう一度お礼を言わせてください。

ありがとうございました。

弁当美術館館長　nancy

著者
前衛弁当作家 **nancy**

弁当暦25年の主婦が突然覚醒!! 最前線をひた走る前衛弁当作家。その弁当が美術館学芸員の目に止まり、2020年ウッドワン美術館で個展を開催。同時にマスメディアに取り上げられ、SNSで広がり、取り上げられたWeb記事が世界に拡散。100万アクセスを突破。現在も「弁当×アート=前衛弁当」を提唱し、パートナーの心と体に栄養を与え続けながら、各種メディアで発信中。本業は広告デザイナー。広島の田舎で夫婦二人暮らし。自称プロの親バカ。

つくる みせる たべる
弁当美術館

2021年10月15日発行

著者	nancy
発行人	田中朋博
編集	堀友良平
装丁·デザイン	nancy 村田洋子
取材·文	浅井ゆかり
DTP	村田洋子
校閲	菊澤昇吾
販売	細谷芳弘
協力	重藤嘉代(ウッドワン美術館) 松浦 瞳(ウッドワン美術館) 金子仁哉
発行	株式会社ザメディアジョン 〒733-0011 広島県広島市西区横川町2-5-15 横川ビルディング TEL 082-503-5035 FAX 082-503-5036
印刷·製本	株式会社シナノパブリッシングプレス

ISBN978-4-86250-742-2 C0077 ¥1800E